生成

AI生产力重构营销新范式

谭北平　金立印——著

GENERATE

人民邮电出版社

北京

图书在版编目（CIP）数据

生成 ：AI 生产力重构营销新范式 / 谭北平，金立印
著. -- 北京 ： 人民邮电出版社，2025. -- ISBN 978-7
-115-67248-3

Ⅰ. F274-39

中国国家版本馆 CIP 数据核字第 20250GP476 号

内 容 提 要

本书以生成式人工智能在营销领域的应用为核心，全面深入地探讨了其带来的变革与影响，以及企业和营销人员的应对策略。书中从技术与营销融合的视角出发，深入剖析了生成式人工智能在重塑营销生产力、变革营销生态、创新营销模式等方面所产生的巨大作用，进而形成了一条清晰的编写主线。

全书分为 4 篇，各篇紧密围绕主线展开。第一篇回顾技术的进化和营销的演变；第二篇探讨生成式营销的内涵；第三篇聚焦生成式营销落地场景；第四篇探讨如何制定和实施生成式营销战略。

作为企业管理者，您将通过本书理解生成式营销发展的底层逻辑及不同企业适合的生成式营销战略。作为营销人员，您将在本书中找到与工作密切相关的应用案例和应用逻辑。作为营销相关专业的学生，您将通过本书系统地习得营销技术和范式的演变脉络，从而确立职业方向。

◆ 著　　　　谭北平 金立印
　　责任编辑　武恩玉
　　责任印制　彭志环
◆ 人民邮电出版社出版发行　　北京市丰台区成寿寺路 11 号
　　邮编 100164　　电子邮件 315@ptpress.com.cn
　　网址 https://www.ptpress.com.cn
　　固安县铭成印刷有限公司印刷
◆ 开本：720×960　1/16
　　印张：17.25　　　　　　　　2025 年 6 月第 1 版
　　字数：340 千字　　　　　　2025 年 7 月河北第 2 次印刷

定价：69.80 元

读者服务热线：(010)81055296　印装质量热线：(010)81055316
反盗版热线：(010)81055315

赞誉页

▼

AI技术正深刻改变传播技术与生态，生成式AI作为传播领域的新质生产力，通过"断裂式的发展"和"破坏式创新"重构传播实践逻辑。本书精准剖析了生成式营销如何打破传统思维，为营销范式重塑提供了科学框架，是从业者与学者的必读之作。

—— 喻国明 北京师范大学新闻与传播学院教授、教育部长江学者特聘教授

本书以百年技术演进为经，以生成式AI重构营销范式为纬，贯通技术哲学与营销实践的双重视野，深度解析人机协同创意生产等前沿命题，又在广告、电商等六大场景中展现智能技术对营销全流程的颠覆性再造。尤为可贵的是，书中提出的超级员工培养机制与多层次战略，为中国企业智能化转型提供了兼具学术深度与实践精度的解决方案。

—— 段淳林 华南理工大学新闻与传播学院二级教授、博士生导师

本书以严谨的逻辑推导与实战洞察，构建了生成式AI驱动营销变革的完整认知体系，以"技术—生态—场景—战略"四维框架，实现了从逻辑推导到战略战术落地的闭环。品牌主理人可纵览战略蓝图，营销人可直击广告智能生成、用户画像动态优化等实操逻辑，学子则能系统掌握营销范式迭代规律。

——董浩宇博士 IAB China 全球化委员会主席、中国广告协会学术与
教育委员会副主任

随着 AI 时代到来，营销领域正经历着前所未有的变革，如何在浪潮中脱

颖而出？《生成：AI 生产力重构营销新范式》深度剖析了生成式 AI 如何重塑营销格局，将前沿理论与实战策略紧密结合，为营销人指明方向，助力其抢占新时代营销先机，值得一读！

—— 王双江 Duravit 亚太市场及电商总监

人工智能提供了平权式的服务，中小企业主目前受益最多。它也具备了相对高级的营销能力、素材生成内容及品牌策划能力。要注意市场需要真正专业的精通营销和精通人工智能的人才，只有他们才能引导整个行业走向更高级的价值创造阶段。

—— 于子桓 华润三九市场部负责人

人类社会发展至今经历了多个技术驱动的时代，从 19 世纪初的蒸汽时代到现在我们进入的 AI 时代，每个时代都重塑了新的生产力、生产关系与商业文明。企业的管理者和营销人员都应该思考如何顺势而为，利用生成式人工智能提高营销生产力，开创营销的新模式，进而提升企业的核心竞争力。愿每位读者都能从本书中得到启发，让我们一起创造新质生产力！

—— 陈高铭 小米互联网业务部商业营销品牌业务总经理

如果说以 ChatGPT 为代表的生成式 AI 大模型仍然是大厂的私家玩具，DeepSeek 的横空出世，让我们不由憧憬生成式 AI 成为水电一般基础设施的时代。营销，一直是 AI 重度应用的领域，生成式 AI 的爆发，营销怎能缺席？谭北平和金立印两位老师，一直是国内 AI 营销应用领域的先行者。相信每个营销从业者，都能从这本《生成：AI 生产力重构营销新范式》中得到启发，迎接营销的新时代。

—— 方军 数见咨询创始人、联合利华中国前数字化和营销副总裁

技术革命推动营销演进，从数字营销到生成式营销，从个人到组织，从广

告到内容再到社媒，生成式 AI 掀起的营销变革是全产业、全场景、全生态的。这本立论高远、撰写扎实、理论和实操并重的著作，值得每个身处变革、迷惘无措的营销人研读。

—— 张继红 宏盟媒体集团首席合作官

听说谭老师要出新书《生成：AI 生产力重构营销新范式》很开心，他为 CMO Club 的 AI+ 营销专委会做出了很多贡献，课程和咨询在企业里很受欢迎，很多营销人被谭老师点燃了拥抱 AI 转型的热情。在 AI 时代，不是强者生存，而是适者生存，营销人只有持续学习，用坚定的信心、持续的耐心才可能在时代的浪潮中"异军突起"，找到属于自己的第二成长曲钱。

—— 班丽婵 CMO Club 创始人 &CEO

作为营销科学家和 AI+ 的坚定推动者，北平在人工智能的奇点时刻推出了这部力作，为 AI 与商业创新的融合提供了重要指南。本书不仅构建了完整的 AI+ 营销科学艺术体系，还提出了生成式营销新范式与战略蓝图，涵盖了从技术演进到营销本质的深刻思考，涉及六大 AI+ 营销场景，并提供了企业转型与人才升级的路径规划，为 AI 时代的企业增长提供了创新解决方案。

—— 钱峻 媒介360、MSAI & 创 + 平台创始人

想要走在营销的前沿，营销人必读这本书！《生成：AI 生产力重构营销新范式》精准捕捉 AI 时代的核心变革 —— 当创意生产进入"智能工厂"时代，如何用技术释放创造力？书中通过大量实战案例，揭示 AI 在广告、社媒、电商等场景的落地方法论，更首次提出 "对 AI 营销" 的新思维。从效率工具到战略资产，这本书为数字营销从业者打开了降本增效、抢占先机的新视野。是一本填补行业空白的好书！

—— 宋星 纷析咨询创始人

推荐序

▼

生成式营销——一场重构商业逻辑的认知革命

站在 2025 年的今天回望，人类与技术的共生关系从未如此紧密。从 AlphaGo 战胜李世石到 ChatGPT 引发全球狂欢，从 DeepSeek 开源生态重塑算力平权到多模态大模型重构内容生产，每一次技术跃迁都在叩问：营销的本质是否已被改写？从业者的价值如何重估？

当谭北平院长与金立印教授邀请我为《生成：AI 生产力重构营销新范式》一书作序时，我欣然应允——这不仅因为两位作者是营销学界与业界的权威，更因为此书精准捕捉到了当下营销行业最本质的命题：生成式人工智能将如何重新定义营销的生产力与生产关系？

在这个命题之下，这本书恰如一场及时雨，不仅系统梳理了营销与技术交织的脉络，更以深刻的洞察剖析了未来 10 年的确定性方向——生成式人工智能将彻底解构传统营销的"人—货—场"逻辑，重构从战略到执行的全链路。

书中第一篇对营销与技术碰撞历史的回溯和解构极具启发性。从 20 世纪初的"产品功能传播"到今天的"用户需求预测"，技术始终在改变营销的"时空法则"。人工智能正在将传统的"人找信息"彻底扭转为"信息找人"，这种底层逻辑的转变远比工具迭代更具颠覆性。

更进一步，书的第二篇聚焦技术驱动下营销操作系统的变革，向我们展示了操作系统级的范式迁移。生成式营销，不再是传统意义上单向度的信息推送，而是基于人工智能强大的生成能力，实现从消费者洞察到创意呈现、渠道选择、效果反馈等全流程的动态生成与优化。

如果说，传统客户关系管理系统就像精心设计的瑞士军刀，拥有一系列预设功能，适用于多种场景，但灵活性有限；那么，生成式人工智能驱动的系统则更像可以无限组合的乐高积木，能够根据具体需求灵活组合和扩展功能，实现更广泛的场景应用。当内容生成、策略优化、效果预测等模块实现端到端的自主迭代时，企业需要的不仅是技术基建，更是重新设计决策链路的战略智慧。

更让人欣喜的是，本书在理论阐述之上，结合了作者在营销科技领域丰富的实战经验，对广告、社媒营销、内容营销、电商、用户增长及产品创新等六大营销主流程进行了剖析，堪称实操宝典。

在本书的最后一个篇里，我们可以看到作者为企业落地生成式营销所设计的实施战略。无论是面向大中型企业的"中台驱动的实施战略"，还是针对中小型企业或营销部门设计的"四步走普惠战略"，都旨在降低技术应用的门槛，让每一家企业都能共享人工智能营销红利。

《生成：AI 生产力重构营销新范式》既是一部营销科技进化史，更是一本向未来宣战的宣言书。作为深耕营销智能领域近 20 年的探索者，我诚挚推荐本书给每一位同行——无论你是焦虑于转型的传统营销人，还是渴望突破的人工智能工程师。愿每一位读者都能从此书中获得启示，在生成式人工智能的浪潮中，共同书写属于这个时代的营销史诗。

吴明辉

明略科技集团创始人、董事长兼 CEO

前言一

▼

迎接生成式营销的无限可能

回首过去 20 年乃至百年的营销发展历程，技术无疑是推动其不断演进的核心动力。

大众媒体时代，营销借助电视、广播等媒介，成就了诸多堪称辉煌的全球化品牌，也为行业本身带来了前所未有的繁荣景象。随着互联网和数字化技术的兴起，数字营销应运而生，中国企业抓住了这一契机，迅速崛起，在全球市场中崭露头角。

生成式人工智能成为新的营销技术底座

如今，我们正站在一个全新的时代起点上，生成式人工智能作为一项颠覆性的通用技术，将成为未来 20 年营销行业乃至整个社会发展的重要技术底座。生成式人工智能迅速普及，正在跨越创新鸿沟，成为每个行业、每个个体都需要学习和掌握的技术。

生成式人工智能不仅是一项划时代的重要技术，还将成为企业营销所需的宝贵智能资源。与人类相比，生成式人工智能几乎是万能的，它能画画、写作，还能分析、创造，并在诸多学科考试中取得了优异成绩，堪比全科优秀大学毕业生。与人力资源一样，企业必须掌握并用好这一新的智能资源。

全新范式——生成式营销

生成式人工智能的普及与应用，不仅为营销带来了新的工具和方法，更从根本上改变了营销的思维方式和运作模式，并催生出生成式营销这一全新范式。

生成式营销对企业营销流程的改造是全面且深入的。它不是单纯对某个环节的调整，而是从整体上重塑企业的营销方式。它通过先进的技术和创新的思维模式，对包括市场调研、目标客户定位、营销策略制定、广告创意设计、内容创作与传播、客户关系管理等在内的多个营销环节，进行了全新的变革和升级。这种改造能够帮助企业更加精准地把握市场动态，更有效地吸引目标客户，提升营销效果和投资回报率。

生成式营销已经成为企业核心竞争力重塑的关键驱动力。此前，企业的竞争力一般集中在品牌知名度、产品质量、供应链效率及客户资源等方面。随着生成式营销的兴起，这一格局将被打破并重塑。生成式营销将借助先进的人工智能和大数据技术，为企业打造全新的竞争优势。

生成式营销还将对企业的组织架构和人才需求产生深远的影响。为了充分发挥生成式营销的优势，企业需要构建更加灵活、高效且跨部门协作的组织架构，打破传统部门间的壁垒，促使营销、技术、研发、数据分析等多个部门紧密合作。同时，企业对具备数据分析、人工智能应用、创意设计和数字营销等多领域技能的复合型人才的需求也会日益迫切。这些人才不仅要熟悉传统的营销理论和方法，还要掌握先进的技术工具和数据分析技巧，在生成式营销生态中熟练运用各种资源，为企业创造价值。

生成式营销是对数字营销的全面升级

新的范式，意味着所有企业都将迎来一次重新洗牌的机会，无论曾经的市场地位如何，在新技术面前，都要站在同一起跑线重新出发。

生成式营销的落地

大型企业可以采用中台驱动的生成式营销战略，而中小型企业，可以采用4步走的普惠战略。不管采取哪种战略，企业都要认识到生成式营销的落地是重要且紧急的任务。

技术已不再是生成式营销落地的障碍。当前市场上，模型、算力及应用工具的供给相对充足，企业要找寻并建设符合自身需求的技术基础。

营销创新永不停歇，人工智能应用工具越来越常见，对用户的营销影响力也越来越大。企业还需创新性地实施对人工智能的营销，先影响人工智能，再通过人工智能影响用户。这类似于搜索引擎出现后影响了用户，因此，搜索引擎优化和搜索引擎营销便成了重要的营销步骤。

凝结群体智慧的写作过程

本人作为作者之一，目前任明略科技副总裁、秒针营销科学院院长，在营销行业深耕多年，积累了丰富的实践经验。金立印教授来自复旦大学管理学院，在学术领域造诣深厚，对营销理论有着深入的研究。在生成式人工智能快速发展的2023年和2024年，我们分别从业界和学界的视角出发，与众多的营销科学家共同探讨，对生成式人工智能在营销领域的应用进行了长达两年多的深入研究。研究过程中我们始终秉持着严谨的态度，对技术发展的脉络进行了细致梳理，深入剖析了营销的本质，并将二者紧密结合。2023年和2024年，我们带领团队先后发布了两份研究报告，从营销生产力和生产关系的维度深入推演，最终提出了生成式营销这一创新性营销范式。

此研究是受到了明略科技创始人吴明辉的启发，他在推动人工智能在营销领域应用的过程中，敏锐地感知到了生成式人工智能对营销行业的巨大影响，并推动我们进行深入研究，以厘清生成式营销的概念和背后新的产业模式。

对于本书的撰写，除了金立印教授，我还要特别感谢来自复旦大学的蒋青云教授、王有为教授、孙一民教授、何雁群副教授、肖莉副教授、冯项楠副教授，来自中国人民大学的李育辉教授、华南理工大学的段淳林教授、雪城大学惠特曼管理学院的熊桂洋教授，来自产业界的王双江、黄小可、于子桓、陈晨、单琼、李征、王小菡、于帅、吴丹、林丽丹、钱诚、宋星、李勇、张振华、钱峻、张文双，来自明略科技的赵洁、孙方超、高雅、刘静，他们为本书的写作提供了宝贵的意见，同时也要感谢秒针营销科学院的同事王云、张慧、杨菲、刘子平在案例收集、文字撰写方面的支持。

我们深知，生成式人工智能作为一种颠覆性的技术力量，正在深刻重塑各个行业，并极有可能成为社会运行和行业发展的基础支撑。营销行业作为经济发展的重要组成部分，无法置身事外，也将迎来深刻变革。

我们希望通过本书将我们的思考和研究成果分享给各位读者。对于企业家而言，希望本书能为您提供前瞻性的战略视角，助力您审时度势，拥抱变革，在激烈的市场竞争中抢占先机。对于广大营销从业者来说，期望本书能为您指明新的发展方向，帮助您提升专业素养，在生成式营销的浪潮中实现自身价值。愿本书能成为您在这一变革时代的有力参考，期望与您共同探索生成式营销的无限可能，推动中国营销行业迈向新辉煌。

本书得到了国家自然科学基金重点项目（72432002）的资助，特此致谢。

谭北平

2024 年 12 月于北京

前言二

▼

开启营销的生成式未来

市场营销是人工智能技术商业应用的重要现实场景。科技部等六部门于2022年印发的《关于加快场景创新以人工智能高水平应用促进经济高质量发展的指导意见》，强调要在零售、智慧导购、社区电商等营销相关领域积极探索人工智能技术创新应用场景。一方面，人工智能技术在这些场景中的快速应用，催生了在内容创意、广告、产品研发、需求分析、顾客服务等领域的创造性工作，开始全面改变企业营销策略的制定和实践流程，并带来了营销组织和管理模式的深刻变革。另一方面，人工智能技术的进化依赖于对海量数据集的训练。我国具有全球最大的消费市场和领先的数字经济发展基础，层出不穷而富有创新性的营销应用场景为推动人工智能技术的快速迭代创造了绝佳的土壤。

人工智能技术无疑也是当今营销学术界最为关注的话题。国际权威营销学术期刊 Journal of Marketing 在 2021 年发表的专刊（Special Issue）中提炼了营销学术界最需要优先研究的重点议题，其中每一个议题几乎都与人工智能技术的发展有关：人工智能技术怎样改变了企业营销组合？企业应如何运用人工智能来提高营销管理能力？如何通过人工智能改进顾客体验、更好地管理顾客关系？人工智能的应用将如何改变营销组织的形态和首席营销官在企业中的影响力？……

在生成式人工智能全方位地重塑营销实践的浪潮中，复旦大学管理学院市场营销学系与明略科技及秒针营销科学院合作，率先在国内组织营销学者和业界专家，围绕生成式人工智能给营销带来的新问题、新机遇、新挑战展开深度研讨，在思想碰撞中逐渐明晰了人工智能给营销生产力和生产关系带来的全方位影响。经过两年多的合作研究，我们深刻地意识到，与以往的数字技术的影响不同，生成式人工智能对营销的影响是颠覆性的，它催生了营销范式的变革。

在诸多企业管理活动中，营销管理是科学与艺术的高度结合，是对创造力要求最高的管理活动之一。以往的数字营销技术，更多是针对市场中已经存在的产品和内容进行分析、预测，并将其更精准地匹配给目标消费者。而生成式人工智能技术已经超越对已有数据、产品和内容的决策分析与预测，进化成为能够为市场创造新产品、新内容、新体验的智能创造主体。生成式人工智能可以胜任创造性的营销任务，将给市场带来两大重要影响。一方面，市场交换物（新产品、广告、内容、体验等）的高效率创造能力和低成本供给能力将得到前所未有的提升，这将改变市场供需结构，给企业营销战略和市场竞争策略的制定带来根本性影响。另一方面，随着人智协同在营销场景中的普遍应用，越来越多的创造性任务将由人工智能完成，营销流程、营销组织和营销相关职业都将被重新定义，从而给营销组织和团队管理带来颠覆式变革。换言之，在营销实践中，人工智能已经从辅助性的技术支持工具进化为生成式的创造主体，为市场提供各类供给（如新产品、广告、服务等），在与消费者的交互中扮演不同的角色（如客服、导购员、谈判对手等），并基于市场和消费者的反馈自动迭代。

面对由生成式人工智能带来的营销范式变革，一方面企业需要以前瞻性的战略视角来思考如何拥抱这一技术力量，重塑自己的营销操作系统，另一方面学术界需要围绕生成式营销范式下的新问题开展系统的研究。人工智能在营销领域的应用不仅为营销学者提供了大量的研究机会，也为营销的理论研究提供了全新的范式和方法（如用数字 AI 人来替代被调研的消费者）。

基于这样的背景，由本人牵头，复旦大学市场营销学系教师团队和秒针营销科学院在两年多的探索研究基础上，于 2024 年向国家自然科学基金委员会提交了"基于人工智能的营销科技创新与应用研究"的重点项目申请，并成功立项。作为这一重点课题的阶段性研究成果，本书首先提炼了生成式营销新范式的内涵和运作模式，然后通过六大核心营销场景中的最新实践案例向读者全面展示了生成式营销驱动企业创造价值的无限可能，最后从战略设计、技术底座建立、人工智能营销创新等方面系统阐述了企业落地生成式营销的路径。

本书既是作者团队过去两年多来对人工智能营销研究和实践成果的阶段性总结，也是我们为迎接生成式营销新时代，思考和探索更多具有挑战性的生成式营销前沿问题所做的前期准备。本书由来自产业界的营销实践专家与来自学术界的营销学教授合作完成，我们期待这样的组合能够给读者带来最新实践案例，同时也引发读者对生成式营销理论内涵的深入思考。

高效率、持续性地向市场提供具有高附加值的创新产品、服务、体验和内容，是企业最核心的竞争力之一，也是我国企业实现创新驱动的高质量发展、应对未来全球竞争亟须突破的关键问题。我们期待本书能为那些勇于拥抱人工智能技术，积极探索利用生成式营销来提升营销创新能力的企业家和管理者助力。

金立印

2024 年 12 月于复旦大学

目录

▼

1

第一篇
"生成"的趋势：技术进化推动营销演变

2

第二篇
"生成"的力量：被重构的营销新范式

3

第三篇
"生成"的运用：如何创造更多的竞争优势

4

第四篇
"生成"的部署：全面突破企业能力的传统边界

1

第一篇
"生成"的趋势：技术进化推动营销演变

技术是第一生产力！

营销是一个为企业创造顾客、为顾客创造价值的系统！

本篇共6章，包括：人工智能的发展历史，奇点时刻已经到来；生成式人工智能的基本原理；生成式人工智能正接近和超越人的能力；回顾营销随时代的演变；技术与营销的深度融合；营销的新场景与新特征。

在本篇，你将学到最新的人工智能技术发展及营销的演变。

第 1 章

新风口：人工智能的奇点时刻

让机器像人类一样工作，一直是人类的梦想。

但人类真的为这一天的到来做好准备了吗？

要让机器像人类一样工作，首先需要让机器像人类一样思考，要实现这一点，人类先要了解自己。

1.1　人工智能技术的起落

人类的进化经历了从猿人到原始人、智人，再到如今的现代人 4 个阶段。而脑的发展是人类具备智力的关键，它具有特殊的生理构造，包括大脑、脑干、小脑等组成部分，这些组成部分紧密地分工协作，支撑着人类复杂的思想活动。脑中负责处理和传输信息的核心是神经元。据统计，大多数人的脑中约有超过 800 亿个神经元。

神经元不仅是人脑运行的基石，还是人工智能诞生的基础。1943 年，心理学家沃伦·麦卡洛克（Warren McCulloch）和数学家沃尔特·皮茨（Walter Pitts）在他们的论文中首次提出了人工神经元模型，因此，该模型也被称为"麦卡洛克 – 皮茨神经元"模型，它奠定了神经网络和现代人工智能研究的基本框架。

虽然两位科学家提出的人工神经元模型无法解决非线性问题，也不具备学习权重和阈值机制，但这一开创性的研究为后来的神经网络研究提供了理论基础，也为使用计算机模拟人脑神经元活动提供了研究方向，成为人工智能和机器学习领域的重要里程碑。

虽然人类大脑的进化耗费了数百万年，但人类从认识自己的大脑到制造出像人一样思考的机器，却仅仅用了不到 100 年的时间。

图 1-1 简单展示了 1960—2023 年人工智能的发展脉络，我们可以发现，人工智能的发展经历了多次爆发（波峰）和寒冬（波谷）。每一次寒冬，都是当时的技术无法跨越创新鸿沟的结果，人工智能在寒冬时只能停留在实验室及少量的应用场景中，而无法全域普及。不过，每一次寒冬都为后一次爆发积蓄

了力量，每轮新范式的诞生都为新一轮的产业爆发提供了助力。

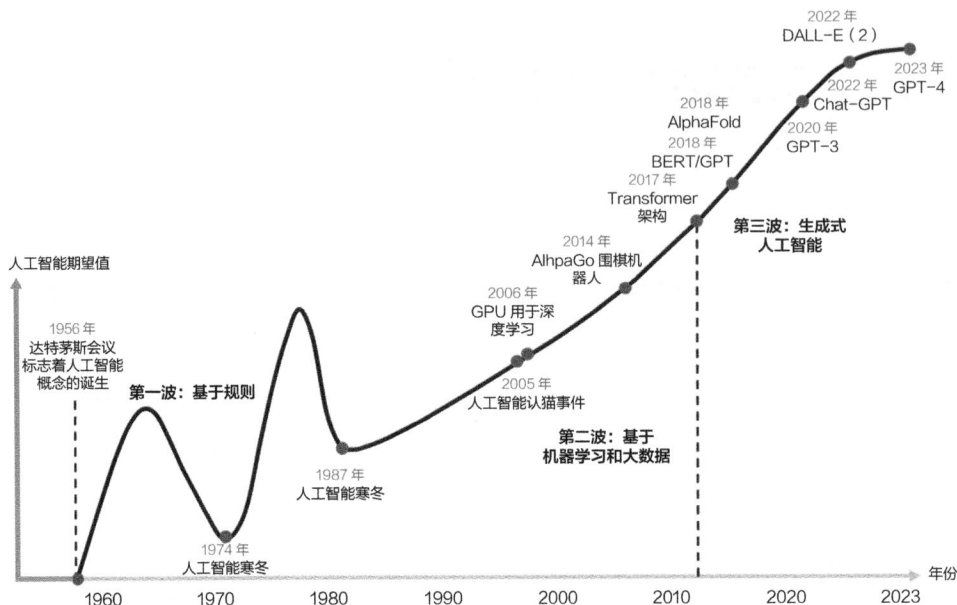

图 1-1　1960—2023 年人工智能的发展脉络

第一波：规则基础的人工智能

　　人工智能概念的正式诞生可追溯到 1956 年的达特茅斯会议。在这次会议上，人工智能（Artificial Intelligence，AI）这个概念首次被提出，人们梦想通过符号系统和逻辑推理来模拟人类智能。达特茅斯会议开启了人工智能研究的第一个黄金时期。

　　20 世纪 50 年代后期的逻辑理论家程序展示了这个时期的雄心与创新。逻辑理论家程序由艾伦·内韦尔（Allen Newell）和赫伯特·西蒙（Herbert Simon）开发和设计，被专门用于证明数学定理，展示了符号处理在模拟人类思维过程中的潜力。1966 年，约瑟夫·魏岑鲍姆（Joseph Weizenbaum）开发了ELIZA——一款能够基于简单规则与人类对话的程序，成了自然语言处理领域的先驱。这一时期人工智能研究的高峰出现主要得益于计算理论和初代计算机的兴起。研究者对人类智能和计算理论的深入理解，尤其是艾伦·图灵（Alan Turing）提出的图灵测试，为人工智能奠定了理论基础。各类基于规则的系统展示了人工智能在特定领域的强大能力，因此吸引了大量的研究资金和关注。

然而，20世纪70年代，人工智能研究迎来了第一次寒冬。尽管早期成绩斐然，但现实中的人工智能系统在遇到复杂和动态环境时表现不佳，远未达到早期宣传的效果。基于规则的方法无法有效处理大量的知识并应对不确定性，巨大的计算资源需求、数据获取的困难及系统的脆弱性都暴露了技术上的局限，大众的投资和兴趣也随之骤减。

第二波：基于机器学习和大数据的人工智能与算力限制

经历了短暂的寒冬，1975年开始，人工智能的发展进入了一个新的高峰期，这次的推动力主要是机器学习和大数据技术的发展。

繁盛期（20世纪70年代和80年代）

这一阶段的早期，科学家们致力于将专家级的知识和技能编写成计算机程序，以解决特定领域的问题。通过创建详细的知识库和规则系统，专家系统能够在特定领域模仿人类专家的决策过程。然而，这一时期的人工智能系统也有其不足：开发和维护这些系统需要耗费大量的人力和时间，而且它们在面对快速变化的环境时表现不佳。此外，专家系统依然缺乏自我学习能力，无法适应新的知识和变化。因此，进入20世纪80年代末，人工智能再次陷入低谷。

数据驱动的人工智能

不过，随着机器学习和大数据技术的发展、计算能力和存储容量的提升，20世纪90年代中期开始，人工智能研究再次走向高峰，研究者们开始探索通过数据驱动的方法来发现知识和构建模型。支持向量机（Support Vector Machine, SVM）、贝叶斯网络及神经网络的初步应用，展现了人工智能在模式识别、数据挖掘等领域的优势。

这一时期的高峰的出现得益于计算机硬件的快速发展和大数据的兴起，尤其是图形处理单元（Graphics Processing Unit, GPU）的引入，大大加快了复杂计算任务的处理速度。1997 年，IBM 的深蓝系统击败了国际象棋世界冠军加里·卡斯帕罗夫（Garry Kasparov），反映了人工智能在复杂决策任务中的巨大潜力，极大地提升了公众和研究界对人工智能的信心。

尽管机器学习在这一时期取得了一定进展，但许多实际应用中的问题依然难以解决，特别是数据标记的巨大工作量和昂贵的算力资源，再次限制了这一技术的广泛应用。此外，统计学习方法在某些任务上缺乏解释性，难以提供透明和可信的决策依据。这一连串的技术瓶颈和现实中的挑战导致了人工智能投资和研究热度降温。

第三波：生成式人工智能带来的人工智能大爆发

深度学习技术推动

2012 年开始，随着深度神经网络（Deep Neural Network，DNN）技术的崛起，以及大数据和高性能计算资源的普及，人工智能进入黄金发展期。

随后，深度学习在自然语言处理、计算机视觉、语音识别和生成模型等领域取得了突破性进展。2016 年，谷歌 DeepMind 的 AlphaGo 人工智能程序击败了围棋世界冠军李世石，展现了深度学习和强化学习结合的强大力量。AlphaGo 的胜利证明了机器在特定任务领域超越人类的可能性，为后续基于统计方法和机器学习的人工智能系统开发提供了重要启示。

大语言模型和转换器架构

这一时期，大语言模型（Large Language Models, LLMs）的发展是如今人工智能实现规模化应用的关键推动力。

2017 年，谷歌的阿什什·瓦斯瓦尼（Ashish Vaswani）等人提出了突破性的转换器（Transformer）架构。与以往的循环神经网络（Recurrent Neural Network，RNN）不同，转换器架构引入了注意力机制，能够有效处理长文本并实现高效的并行化。值得一提的是，转换器架构的创新大部分基于深度学习的进步。深度学习的自动特征提取能力、处理大规模数据的高效性，以及强大的表示能力，都在转换器架构中得以展现。这一架构为大语言模型的后续发展提供了新的技术路线。

在转换器架构基础上，2018 年，谷歌的德夫林（Devlin）等人推出了基于 Transformer 的双向编码器表示（Bidirectional Encoder Representations from Transformers，BERT）模型。这一基于双向转换器架构的预训练模型，通过深度学习方法对语言的深度理解，迅速成为自然语言处理领域的新标准。大语言模型发展的最大亮点是 OpenAI 的生成预训练转换器（Generative Pre-trained Transformer，GPT）系列。2018 年，GPT 首次亮相，采用单向转换器架构，专注于文本生成任务。随后，GPT-2 和 GPT-3 相继问世，它们分别在参数规模和内容生成能力上取得显著提升。特别是 GPT-3，凭借 1750 亿条参数和深度学习展现出强大的多任务学习能力，掀起了生成式人工智能应用的热潮。

多模态大模型快速发展

在探索语言生成之外，生成式人工智能还在视觉领域取得了重大发展。生成对抗网络（Generative Adversarial Networks，GAN）的出现，为图像生成提供了全新思路。2014 年，古德费洛（Goodfellow）等人提出了生成对抗网络这个概念，开启了基于深度学习的生成器与判别器的对抗训练模式，推动了高质量图像生成技术的进步。此后，深度卷积生成对抗网络（Deep Convolutional Generative Adversarial Networks，DCGAN）和基于风格的生成对抗网络（Style-Based Generative Adversarial Network，StyleGAN）等模型由英伟达公司的研究团队相继推出，通过深度学习使得图像生成质量达到新的高度。

文生图技术则以这些技术为基础发展而来。2021 年，OpenAI 推出的 DALL-E 结合了转换器等架构思路，首次实现了根据文字描述生成图像的壮举。DALL-E 通过深度学习中的跨模态映射，学习文本与图像之间的复杂关系，展示了生成式人工智能在创意和实际应用方面的巨大潜力。

在视频生成领域，研究者们也在不断拓展边界。早期的视频生成模型多借用了深度学习中的架构，能够生成简单的动态视觉内容，但在分辨率和连贯性方面存在不足。新的文生视频（Text to Video, T2V）模型引入了深度学习中的注意力机制和时序卷积网络，显著提升了生成视频的分辨率和连贯性。这些技术进步使得人工智能不仅能够理解和生成文本，还能在动态视觉内容的创建中大显身手。

这一轮人工智能的兴起被认为是持续的技术进步和应用扩展。ChatGPT、DALL-E、文心一言、星火、Kimi 等项目展示了生成式人工智能在众多计算领域的广泛应用，共同将人工智能推向了新的技术高峰。

1.2 跨越创新鸿沟

在技术创新的生命周期中，跨越创新鸿沟是一个关键的挑战。生成式人工智能正在跨越创新鸿沟，从早期采用者向早期大众的用户阶段转变，成为一项被广泛采用并有强劲生命力的技术。用户规模的扩大在帮助生成式人工智能跨越创新鸿沟方面具有重要意义。

用户数量直接反映了市场需求的强弱。生成式人工智能应用拥有庞大用户群体，意味着其具有广泛的应用场景和巨大的商业潜力。这能吸引更多的资源投入生成式人工智能的开发和创新，加速行业的整体发展，反过来又会进一步激发市场对人工智能应用的需求，从而形成良性循环。

参考阅读：跨越鸿沟理论

跨越鸿沟理论是由杰弗里·摩尔（Geoffrey Moore）在其著作《跨越鸿沟》（*Crossing the Chasm*）中提出的一种市场营销理论。该理论旨在解释高科技产品从早期市场扩展到主流市场过程中所面临的挑战。"鸿沟"指的是早期采用者和早期大众之间存在的巨大差异。

根据摩尔的理论，创新扩散过程中存在以下几个不同阶段的用户。

（1）**创新者（Innovators）**：喜欢尝试新事物，对新技术充满热情。

（2）**早期采用者（Early Adopters）**：接受新产品并愿意承担风险，通常是行业内的意见领袖。

（3）**早期大众（Early Majority）**：比早期采用者更审慎，需要看到更多的实证和成功案例才会接受新产品。

（4）**晚期大众（Late Majority）**：对变革持怀疑态度，只有在新产品被普遍使用和非常可靠后才会接受。

（5）**落后者（Laggards）**：尽可能避免变化，只会在新产品变成行业标准甚至唯一选择时才接受。

早期采用者愿意尝试新产品，而早期大众则偏保守，他们需要看到更多其他用户的真实案例和产品可靠性方面的证据，才愿意接受新产品。这种差距可能导致新产品难以进入主流市场，阻碍其规模化扩张。跨越鸿沟理论为高科技企业提供了一个框架，可以帮助他们更有效地推广新产品，从而成功实现市场扩展。

生成式人工智能正在跨越创新鸿沟

在 2024 年 9 月召开的"KDDI SUMMIT 2024"大会上，OpenAI 日本首席执行官长崎忠雄表示，截至 8 月底，ChatGPT 的月活用户数突破 2 亿大关，

ChatGPT 成为史上最快达到这一成就的软件产品。

据非凡资本的统计数据，截至 2024 年 8 月底，全球规模以上（月访问量超过 1 万次，下同）人工智能产品总数达 1757 个，环比增加了 40 个，这反映了人工智能技术的持续普及和应用数量的有序增长。中国规模以上人工智能产品数量（含国内及出海）在 2024 年也大幅增加到 307 个，与此同时，用户在人工智能产品上的总访问时长也显著增长。

生成式人工智能正广泛应用于制造业

除了个体用户规模的快速增长，生成式人工智能还被广泛应用于制造业，比如工业领域的智能设计与优化、智能制造和机器人技术、预测性维护等。这为更好地满足顾客需求提供了生产侧的支持。

生成式人工智能与计算机辅助设计（Computer Aided Design，CAD）软件相结合，彻底改变了工业设计流程。生成式人工智能生成多元创新设计方案，带来了超越传统设计思维的可能性。随后，设计人员利用 CAD 软件对这些设计方案进行精确的机械建模和优化，就可以使设计更加符合实际生产需求。这种协同技术的应用显著缩短了设计周期，激发了设计创新，同时提高了设计的可制造性和效率。

在智能制造领域，生成式人工智能和深度学习被应用于优化机器人操作路径和动态决策。例如，通过对海量生产数据的深度学习，人工智能能够自动探测生产线中的瓶颈并调整机器人的操作，以提高运作效率。这种技术的应用不仅大幅提高了生产效率，还降低了生产成本，同时减少了人工干预，提升了生产过程的灵活性和安全性。

结合物联网（Internet of Things，IoT）和机器学习，生成式人工智能在设备的预测性维护方面发挥了重要作用。IoT 设备不断收集设备运行状态数据，生成式人工智能模型对这些数据进行分析，预测设备故障的趋势，并给出维护建议。这种预测性维护不仅减少了意外停机时间和维护成本，还延长了设备的使用寿命，提高了整个生产线的可靠性。

1.3 奇点时刻到来

"奇点"这个术语是由数学家、科幻小说作家弗诺·文奇（Vernor Vinge）推广开来的。1982 年，他就开始讨论"技术奇点"这个概念，在其科幻作品和学术思考中阐述了科技快速发展可能导致的质变时刻。

在科技领域，特别是人工智能和未来学方面，奇点时刻是指科技（尤其是人工智能技术）发展达到一个临界点，届时机器智能将超越人类智能，之后科技会以人类难以理解和预测的速度发展，进而使社会、经济、文化等发生全方位的巨大变革。例如，智能机器能够快速自我进化，自主创造新的科学理论、技术和艺术形式等。

从应用者而不是人工智能算法专家的角度，根据格里克森（Glikson）和伍利（Woolley）在 2020 年提出的一个框架，**人工智能可分为分析式人工智能、生成式人工智能及通用人工智能**（Artificial General Intelligence，AGI）。

分析式人工智能

分析式人工智能也被称为决策式人工智能，指通过学习数据中的条件概率分布，根据已有数据进行分析、判断、预测，辅助用户进行决策，如用于推荐系统和风控系统的辅助决策模型、用于自动驾驶和机器人的决策智能体等。其中，电商的产品推荐系统是分析式人工智能在营销场景中的典型应用。

生成式人工智能

生成式人工智能并非简单地分析已有数据，而是通过学习数据中的联合概率分布，对已有数据进行归纳后演绎创造。它基于历史进行模仿式、缝合式创作，生成全新的内容，同时也能解决判别问题。生成式人工智能有 3 项核心能力，分别是创造能力、推理能力、互动能力。

需要特别关注的是，基于互动能力，在融合创造能力和推理能力之后通过多模态 / 跨媒介的输入输出，生成式人工智能已经涌现出和人类进行高质量交流的综合能力。除了分析和判断，**生成式人工智能的核心能力是"创造"，即生成全新的内容**——通过从数据中学习要素，生成全新的、原创的内容或产品。生成式人工智能不仅能实现传统人工智能的分析、判断、决策功能，还能实现传统人工智能力所不能及的创造功能。

通用人工智能

生成式人工智能并不能让人类满足，创新者更加期盼人工智能能够达到甚至超越人类的水平。

通用人工智能指智能代理理解或学习人类所能完成的任何智力任务的能力。它是人工智能研究的主要目标，也是科幻小说和未来研究中的常见话题。

通用人工智能主要专注于研制像人一样思考、像人一样处理多种事务、完成更复杂工作的机器。它具有理解文字、图片、视频、音频等多模态内容的能力，能通过联网和插件整合更多外部应用，可以胜任更复杂的任务。

通用人工智能也被称为超级人工智能（Artificial Super Intelligence，ASI）、强人工智能、完全人工智能或一般智能行动，强人工智能与弱人工智能（或狭义人工智能）形成了对比。因为弱人工智能不具备独立意识，其行为体现的是设计者的意愿，所以只能在人类设计的程序范围内决策，事情发展一旦超出了预设的程序范围，弱人工智能就无法应对。

思考与讨论：通用人工智能时代什么时候到来？

最近两年，生成式人工智能的快速发展使通用人工智能时代的到来不断加速。2024 年 9 月末，OpenAI 的首席执行官萨姆·阿尔特曼（Sam Altman）在个人博客上发表了一篇重要文章，他在其中预言通用人工智能时代将在"几千天内"（2.7 年）到来。他肯定，深度学习已经奏效，它能够真正学习任何数据的分布模式。

真正的智能时代即将到来，人工智能将在未来几十年内带来巨大的经济收益，我们每个人都需要为此做好准备。

第 2 章

新推动力：揭秘生成式人工智能

正在阅读本书的你，一定或多或少地使用过生成式人工智能，或者已经离不开它了。

无论是通过网络进行搜索、询问智能语音助手明天的天气，还是使用某个大模型工具做出行规划、给亲友写藏头诗，或是用办公软件的副驾驶（Copilot）撰写或整理文档、制作 PPT，用文生图模型创作图片，依赖的都是生成式人工智能。

那作为一项快速渗透的新技术，生成式人工智能到底是如何理解人类的问题，又如何通过理解人类的语言生成人类能理解的文字、图片甚至视频的呢？

2.1 3 步生成内容

如何让机器像人一样思考并与人对话？

对于这一问题的原理，OpenAI 前首席科学家伊利亚·苏特斯克弗（Ilya Sutskever）曾有过通俗但准确的解释："数字神经网络和人脑的生物神经网络在数学原理上其实是一样的。"

为了让大家更直观地理解生成式人工智能的工作原理，我们进一步对它的工作流进行了拆分。整体来看，它的工作流一共包含 3 步。

第一步"学习"："模型"阅读了人类说过的所有的话

以 GPT 为代表的生成式人工智能的大规模学习从"阅读"海量文本数据开始，包括各种书籍、文章等。它通过统计分析和模式识别来掌握人类语言中固有的结构和规则。这个过程依赖于转换器的神经网络架构，它能够处理长序列数据，并有效捕捉文本中的复杂模式。结果是，各模型建立了一个庞大而复杂的语言知识库，为后续的文本生成打下了坚实基础。

第二步"赋权"：把一串词后面跟着的不同的词出现的概率记下来

生成式人工智能的核心在于建立"赋权"系统，这就像为所有可能的词排序。通过大量的计算，模型计算出每个词后可能跟随的词出现的概率。这依赖于深度学习中的反向传播算法和自注意力机制，这些技术帮助模型在训练过程中自动优化和调整权重。这样的精确计算使得模型能够理解和预测句子结构及其合理性，从而生成连贯的文本。

第三步"生成"：给它若干词，算出下一个最有可能出现的词是什么

生成过程是生成式人工智能发挥其作用的阶段。当用户提供一个或多个词时，模型利用之前学习到的建立的"赋权"系统，迅速计算出下一个最有可能出现的词。通过温度（Temperature, T）参数控制，模型可以在每一步持续生成新词，确保生成文本的逻辑性和可读性。这样，人工智能就能动态扩展文本，生成有意义且流畅的句子和段落，从而有效支持写作和交流任务。

思考与讨论：你是如何讲话的？

想象一下，你要用一句话给你的朋友介绍生成式人工智能，你会将全部语言都组织好，然后像读字条一样读出来吗？

我想答案是否定的。

你是一个词一个词地联想和判断出来的，如同以下步骤。

生成式＿＿＿＿＿＿＿＿

生成式人工智能＿＿＿＿＿＿＿＿

生产式人工智能是＿＿＿＿＿＿＿＿

生成式人工智能是一种＿＿＿＿＿＿＿＿

生成式人工智能是一种模仿＿＿＿＿＿＿＿＿

生成式人工智能是一种模仿人类大脑的人工智能技术。

每一条横线上的内容都有很多可能性，你在讲话的过程中不停地判断下一个最有可能出现的词是什么，不断地组织句子。这是生成式人工智能工作的一个简单的案例。

小知识：温度参数

在生成式人工智能模型中，温度是一个重要的参数，用于控制模型生成的文本的随机性和多样性。数学上，温度参数调整了模型输出概率的分布。

·当温度接近0时，模型趋向于选择概率最高的下一个词，这使得输出更确定和保守。

·当温度等于1时，模型按照其预测的原始概率分布进行采样。

·当温度大于1时，模型生成的词更具随机性，概率分布趋于更均匀，使得不太可能的词有更大的机会被选中。

通过调整温度，用户可以控制生成文本的创造性和意外性。较低的温度适用于需要确定性答案的任务，较高的温度则可能导致生成更具创造性或多样性的内容。

2.2 基于人类反馈的强化学习

关于人类应该如何看待人工智能，凯文·凯利（Kevin Kelly）有个形象的描述："和人怎么相处，就和人工智能怎么相处。用'当人看'来理解人工智能，用'当人看'来控制人工智能，用'当人看'来说服用户正确看待人工智能的不足。"

人工智能作为一个数字神经网络，之所以能像人一样思考，底层的核心机制就是基于人类反馈的强化学习（Reinforcement Learning from Human Feedback，RLHF）。

RLHF 是一种结合了人类反馈和强化学习的技术，主要用于优化生成式人工智能（如 GPT 等语言模型）的表现。它通过采集和利用人类评审员的反馈数据，指导模型生成更符合人类期望和偏好的内容，弥补了传统监督学习中单纯依赖预先标注数据的不足，使得模型能够动态适应和改进。

以 ChatGPT 为例，我们简单介绍一下 RLHF 的工作原理与过程，如图 2-1 所示。

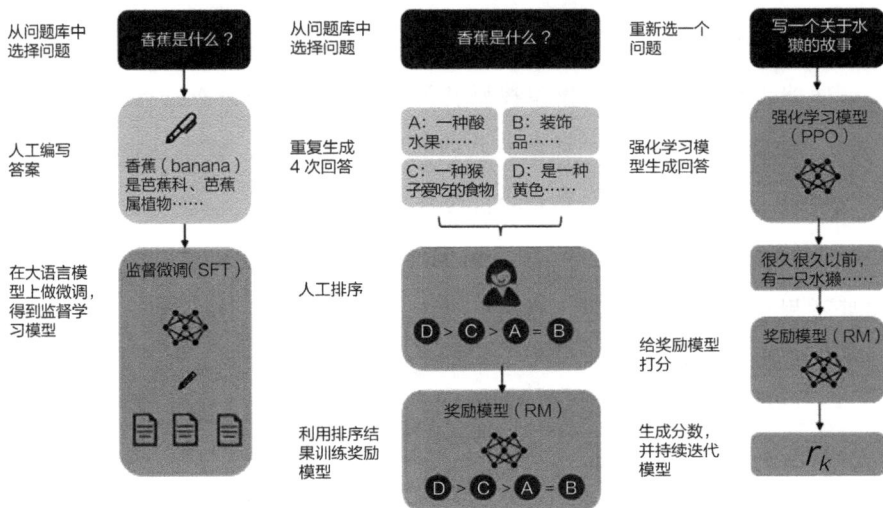

图 2-1　生成式人工智能的 RPHF 过程

监督学习：模型初始训练

生成式人工智能的训练首先从监督学习开始。在这一过程中，模型通过读取大量人类编写的文本数据，学会预测词和句子的结构。具体而言，ChatGPT 等模型会分析这些数据，并构建起一个初步的语言模型。这一过程类似于学生通过阅读大量书籍和文章来掌握语言方面的基础知识，为后续的复杂任务奠定基础。

收集人类偏好数据

不过，仅仅依靠初始的监督学习还不够，模型需要进一步优化，才能更好地生成符合人类期望的文本。这时，RLHF 发挥了关键作用。RLHF 通过人类反馈来不断优化模型。在这个过程中，模型会从问题库中选择问题并生成多种回答。然后，人类评审员对生成的回答进行排序，确定哪些回答最符合人类的偏好。

训练奖励模型：理解人类偏好

接下来，开发人员将根据人类评审员的排序结果来训练一个奖励模型（Reward Model, RM）。这个奖励模型会预测模型生成的回答在多大程度上符合人类的偏好，以人类的偏好来作为判断生成内容的质量的标准。这个过程的核心在于收集大量带有质量评分的数据，以帮助模型学习什么样的回答更符合人类的期望。

基于强化学习的生成模型优化

在获得训练好的奖励模型后，生成式人工智能将进入基于强化学习的优化过程。这里通常采用的是近端策略优化算法（Proximal Policy Optimization, PPO）。在这一过程中，模型生成回答，然后奖励模型对回答打分和排序，记录为 r_k，分数越高代表回答越符合人类的偏好，模型会选择高分回答进行输出。这些排序还会持续喂给奖励模型迭代调整，这样模型不断优化自己的参数，以生成更高质量的回答。

这一过程类似于人类学习技能的过程，通过反复的练习和考核，人类逐渐提高自己的语言技能、算数技能、运动技能等。在强化学习的帮助下，模型能够根据人类反馈反复修正自身，从而提升文本生成的准确性和相关性。

通过上述过程，RLHF 使生成式人工智能能够多轮反馈优化，从初步的监督学习，到收集和理解人类偏好，再到通过强化学习优化模型。这个迭代过程让生成式人工智能变得越来越智能，逐步生成更符合人类期望的自然语言文本。通过这一机制，生成式人工智能会具有更高层次的理解和生成能力，为广泛应用提供基础。

讨论：我们能从 RLHF 中学到什么？

RLHF，即根据人类反馈进行强化学习，是一种用于训练模型的方法。其核心思想是通过人类反馈引导模型学习，从而使其表现更好地符合人类的期望和偏好。

这种核心思想与人类的语言学习与教育的过程特别匹配。这说明人工智能是可以被训练的。

在企业中，新员工往往需要经历一个再学习的过程，以了解企业的知识、企业的文化、企业成功的要素。这个过程往往是通过绩效（Performance）来实现反馈和筛选的，也就是基于绩效反馈的强化学习（Reinforcement Learning from Performance Feedback, RLPF）。

通过 RLHF 可以训练出一个符合人类习惯的大语言模型，而用 RLPF 手段，可以训练出一个符合企业需求的模型。

2.3 构建提示词

在与生成式人工智能互动时，大家都需要使用一段基于自然语言的语句的命令，也被称为提示词（Prompt）。模型的产出与提示词的内容是高度相关的。

使用有效的提示词至关重要。提示词是用户向人工智能提出的一段文本或指令，通过它，用户可以让人工智能知道自己想要什么，以便获得准确的回答。理解如何构建和优化提示词，可以显著提升与人工智能互动的效果。下面从用户的视角、人工智能的视角及人智协作的视角探讨如何构建有效的提示词。

用户的视角：明确目标

在与人工智能沟通时，用户首先要明确自己的需求，清晰表达自己想要的信息或答案类型。例如，要人工智能写一篇关于环保的文章，用户必须清楚说明文章的主题、具体细节，以及期望的风格。在这个过程中，需要注意以下内容。

· 设定明确的目标：明确自己希望人工智能完成的任务（如撰写文章、回答问题）。

· 具体细节：提供上下文、背景信息或需要引用的数据。

· 期望的风格：说明是否需要正式的风格、简洁的陈述等。

人工智能的视角：详细阐述需求

人工智能虽然强大，但无法自动推测每个细节。对于信息不明确的部分，用户需要给予详细说明，以免人工智能误解。例如，当需要人工智能解释一个技术概念时，提供相关的背景信息可以提高回答的准确性。在过程中，应注意以下内容。

· 细化问题：将复杂的请求分解成简单、明确的问题。

· 避免模糊：清晰陈述预期的输出格式和范围。

· 指出限制条件：如字数限制、特定术语或数据引用要求。

人智协作的视角：尝试与技巧

生成式人工智能并非总能理解所有表达方式。用户可能需要尝试不同的措辞，才能得到满意的答案。采用不同的提示词组合和语言结构，更有可能找到人工智能最容易理解的表达方式。

可以尝试用多种语言结构和词汇表达法来获得最佳响应，也可以提供示例来帮助模型理解预期格式或答案类型。如果第一次尝试后结果不理想，就需要持续改进提示词。

总之，使用提示词是一个不断改进的过程。即使一段提示词已经能够使模型成功地输出内容，也可以通过重复测试和反馈不断改进。我们可以记录成功的提示词，调整那些效果不佳的提示词，逐步提升与人工智能互动的总体质量。

如果你想学习如何更好地使用提示词，可以参加更加专业的学习。对于文本、图片、视频等都需要特别专业的提示词。

思考与讨论：人工智能有智慧吗？

生成式人工智能已经能像人类一样写文章、交流、画图，那么很多人可能会有一个疑问：生成式人工智能有智慧吗？

一个观点是：生成式人工智能似乎表现出了某种智慧。然而，这种"智慧"并不是有意识的理解，而是复杂模式的合成与复制。以图灵测试的观点来说：如果人类无法区分人类与生成式人工智能，就可以说生成式人工智能是有智慧的。你认为人工智能真的有智慧吗？人工智能与人类应该从哪些角度进行对比？

第 3 章

新红利：当人类被超越时营销该怎么做

如何判断机器是否真的有智慧，图灵给出了一个经典的范式，该范式被称为图灵测试（Turing Test）。过去很长一段时间，机器总是笨拙地、单调地回答问题，大家都认为机器很难通过图灵测试。

生成式人工智能包括多种技术与模型，其中最常见的部分包括与文本生成有关的大语言模型，也包括视觉理解、音频处理等。

从使用者的角度，生成式人工智能能回答问题、撰写文章、生成广告文案、创造绘画艺术作品、设计新产品等，普通人类很难区分这些作品的作者是人还是机器，由此，图灵测试对生成式人工智能而言已不再是挑战。今天的生成式人工智能已超越工具和机器，成了企业的"智力资源"。

参考阅读：图灵测试

图灵测试是由计算机科学家图灵在1950年提出的一种评估机器智能的方法，如图3-1所示。图灵测试的基本构想是，如果一个人在封闭房间内通过打字或其他手段与一台机器和另一个人对话时，无法准确区分哪个是机器，哪个是人，那么这台机器就被认为通过了测试，展示出类似人类的智能。

这是一个有趣的思想实验，因为它并不要求机器真正"思考"或"理解"，而将考察的重点放在了机器能否成功模仿人类的交流方式上。图灵测试引发了关于意识、理解和机器智能本质的深刻讨论。

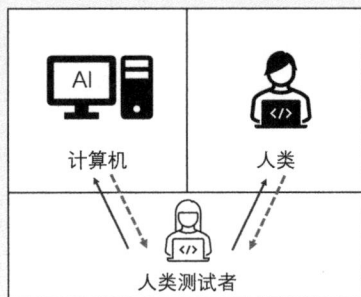

图3-1 图灵测试

3.1 人工智能的绘画与摄影

2022年8月，在美国科罗拉多州举办的一场艺术展览会上，39岁的美国游戏设计师贾森·艾伦（Jason Allen）提交的一幅名为《太空歌剧院》的数字艺术作品获得了该类别的冠军。不过，这幅获奖作品受到了众多艺术家的声讨，原因是它并非人类创造的，而是艾伦使用人工智能绘图工具Midjourney生成的。有趣的是，负责评审的评委此前并不知道Midjourney是人工智能绘图工具，但他们事后也声明，即便知道，他们也会授予该作品最高荣誉奖项。

很显然，《太空歌剧院》作为一幅人工智能作品，在艺术创造领域通过了图灵测试。

2023年4月，2023索尼世界摄影大赛落下帷幕，德国摄影师鲍里斯·埃尔达森（Boris Eldagsen）报送的一幅名为《虚假记忆：电工》的作品获得创意组大奖。不过，一周后，埃尔达森却在个人网站上宣布，该作品实际上由人工智能生成，并非真正的摄影作品，而他投稿的目的就是检验赛事主办方是否具备判别人工智能作品的能力。在这位获奖者看来，人工智能图像和摄影是不同的艺术创作，不应该等同竞争，所以他拒绝接受主办方的颁奖。

不管其个人的初衷如何，作为通过图灵测试的人工智能作品，《虚假记忆：电工》得奖，已经成为世界摄影史中的标志性事件。

3.2　人工智能成为全科优秀大学生

除绘画、摄影之外，人工智能在其他知识领域也具备比肩甚至超越人类的全科能力。

2023 年 3 月，在发布 GPT-3.5 仅 4 个月后，OpenAI 就发布了 GPT-4。相比 GPT-3.5，GPT-4 在理解能力、生成质量、知识范围、多任务处理、安全性及个性化方面实现了多维度的突破。可以说，如果把 GPT-3.5 看作一个具备六年级智力及知识水平的学生，那 GPT-4 就是能顺利完成大学入学考试（Scholastic Assessment Test，SAT）的准大学生。

OpenAI 公司持续让 GPT-3.5、GPT-4 参加美国各类考试，并将结果发布在 GPT-4 技术报告（GPT-4 Technical Report）中。表 3-1 整理了 ChatGPT 在部分美国主流考试中的成绩。在统一律师资格考试中，GPT-4 得分的估计百分位达到 90%，也就是 GPT-4 的得分超过了 90% 的考生。美国法学院入学考试（Law School Admission Test，LSAT）的满分为 180 分，GPT-4 可以考 163 分，打败了 88% 的考生，GPT-3.5 则仅能超过 40% 的考生。SAT- 阅读与写作的满分为 800 分，GPT-4 可以考 710 分，超过 93% 的考生。GPT-4 在高级学术程度 - 艺术史、高级学术程度 – 生物学等考试中也拿到了 5 分的满分成绩。

表 3-1　ChatGPT 在部分美国主流考试中的成绩

模拟考试	GPT-4 估计百分位	GPT-4（无视觉模型）估计百分位	GPT-3.5 估计百分位
统一律师资格考试（MBE+MEE+MPT）	298/400（90%）	298/400（90%）	213/400（10%）
LSAT	163（88%）	161（83%）	149（40%）
SAT– 阅读与写作	710/800（93%）	710/800（93%）	670/800（87%）
SAT– 数学	700/800（89%）	690/800（89%）	590/800（70%）
研究生入学考试 – 定量	163/170（80%）	157/170（62%）	147/170（25%）
研究生入学考试 – 口语	169/170（99%）	165/170（96%）	154/170（63%）
研究生入学考试 – 写作	4/6（54%）	4/6（54%）	4/6（54%）
2020 年美国大学预科班半决赛考试	87/150（99%~100%）	87/150（99%~100%）	43/150（31%~33%）
2022 年美国化学奥林匹克竞赛地方科考试	36/60	38/60	24/60
医学知识自我评估计划	75%	75%	53%
Codeforces 评级	392（below5%）	392（below5%）	260（below5%）
高级学术程度 – 艺术史	5（86%~100%）	5（86%~100%）	5（86%~100%）
高级学术程度 – 生物学	5（86%~100%）	5（86%~100%）	4（62%~85%）
高级学术程度 – 微积分	4（43%~59%）	4（43%~59%）	1（0%~7%）

资料来源：根据 OpenAI 的 GPT-4 技术报告整理。

在中国，高考无疑是衡量智力及知识水平的标尺之一，那各种大模型在国内高考中的表现如何呢?

2024 年全国高考结束后，科技媒体极客公园组织多个国内外大模型就新课标Ⅰ卷全科目（与河南考生考卷相同）进行了一次"统考"，并由名师阅卷。

测评结果显示，目前在中文语境中，大模型更像数学水平相对较弱的优秀文科生，如表 3-2 所示。在文科考试中，大模型普遍表现不错，GPT-4o、豆包和文心 4.0、百小应成绩靠前，得分超过河南文科一本线，其他大模型的得分也都超过河南文科二本分数线。它们尤其擅长语言类科目，逻辑和语言能力较为出色，大模型在英语考试中表现最优异，9 个大模型的平均分超过 131 分

（满分为 150 分），大部分大模型都可以做到客观题得分接近满分，作文少量失分。在由历史、地理、政治组成的新课标"文综"考卷评测中，GPT-4o 获得 237 分，平均分为 79 分，超过了大多数真实的文科考生。

表 3-2　国内外九大主流大模型在 2024 年高考中的成绩

大模型产品	数学/分	语文/分	英语/分	历史/分	地理/分	政治/分	物理/分	化学/分	生物/分	文科总分/分	理科总分/分
GPT-4o	66	120	139	81	68	88	51	42	51.5	562	469.5
豆包	61.5	125.5	131	82.5	62	80	42.5	49.5	56.5	542.5	466.5
文心 4.0	62.5	119	137.5	78	61.5	79	54.5	40	65	537.5	478.5
百小应	44	128	139	72	55	83	24.5	47.5	56	521	439
通义千问	35	111	131.5	82	44	75	18	37	62	478.5	394.5
Kimi	39	100	127	72.5	58.5	65	32	34	41	462	373
腾讯元宝	39	120.5	118	73	39	70	27.5	36	47	459.5	388
MiniMax	38.5	104.5	127	67.5	53.5	63	39	36.5	46.5	454	392
智谱清言	37	102.5	134.5	60.5	39	64	13.5	24	50.5	437.5	362

注 1：默认所有大模型产品在英语听力考试中均能得到满分（30 分）。
注 2：根据教育考试官网，2024 年河南省高校招生文科和理科一本录取分数线分别为 521 分、511 分。

资料来源：根据极客公园的报道整理。

3.3　生成式人工智能的创造力

生成式人工智能已经能够在美国、中国的许多重要考试中超越大部分人类并取得优秀的成绩。但考试往往有正确答案，评分也有相对客观的标准。而营销往往更加重视创造力，需要创造出没有出现过的广告文案、新产品、新策划方案等。那么，生成式人工智能的创造力能否超越人类呢？

我们不仅需要从供给能力的角度研究人工智能的创造力，还要从消费者响应角度分析如何提升人工智能的创造效果。

广告文案：消费者无法区分是人类文案还是人工智能文案

2023 年，李育辉等人对生成式人工智能在广告文案方面的创造力进行了量化研究。研究者共设置了 10 个广告文案任务，覆盖 7 个不同行业方向，每一个任务均包含人类文案和人工智能文案，采用双盲实验的方法，招募专家和消费者就人工智能和人类在文案创作能力上的差异进行评价。实验结果如下。

（1）在文案作者身份上，专家能够区分人工智能和人类，而消费者无法区分。

（2）人工智能的文案创作能力与拥有 2.47 年工作经验的人的能力相同。

（3）在文案专业能力上，人类得分显著高于人工智能，特别是在创造性和洞察能力上；消费者对两类文案的整体感知水平无显著差异。

人工智能新产品创意：超过顶尖商学院工商管理硕士

2023 年，美国商学院的研究（Girotra, 2023）表明，在新产品创意大赛中，人工智能已超过了世界顶尖商学院的工商管理硕士。

该研究以新产品创新竞赛的方式，让人类和生成式人工智能平台 ChatGPT 分别针对大学生群体设计实用产品。研究人员首先让宾夕法尼亚大学沃顿商学院的工商管理硕士提出了 200 个新产品创意（人类组），再让 ChatGPT 在同样要求下生成 100 个新产品创意（GPT-4 基线组）。此外，还设计了一组，向 ChatGPT 提供 7 个好的创意作为例子，再让其生成新产品创意（GPT-4 有示例提示组）。

为了比较人类和人工智能的创意质量，研究人员招募了产品的目标用户——在校大学生，并在不告知他们创意由谁提出的情况下，让他们评估自身对新产品创意的购买意愿。

结果证明，在校大学生对人工智能生成的新产品创意有更强的购买意愿，如图 3-2 所示。在目标用户购买意愿最强的新产品创意中，排名前 16 位的创意全都是由人工智能生成的，人类创意的最高排名仅为第 17 位；排名前 40 位中，人类创意只有 5 个。

这一结果说明，2023—2024 年，ChatGPT 新产品的创新能力在某种程度上已经能超过世界顶尖商学院的工商管理硕士。

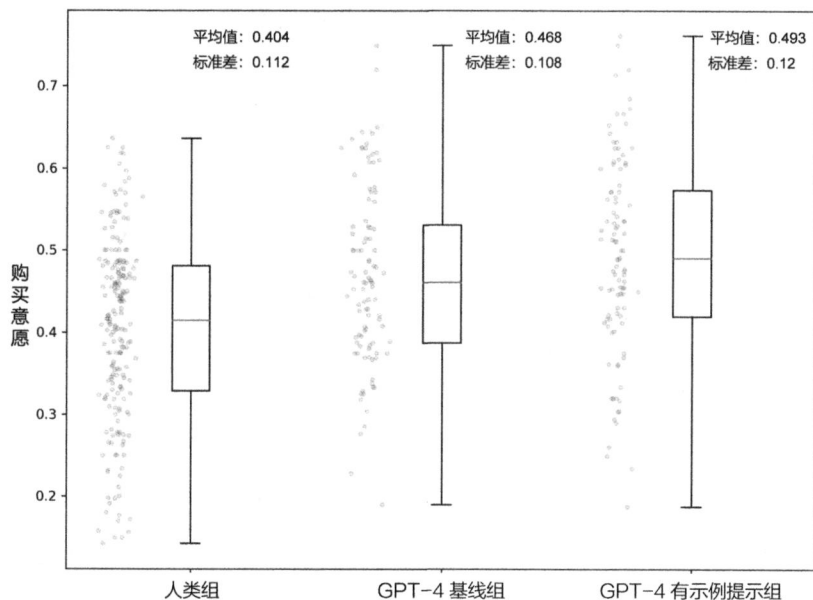

资源来源：基于 Girotra 2023 的研究论文整理。

图 3-2 在校大学生对宾夕法尼亚大学沃顿商学院工商管理硕士及 AI 生成产品创意的购买意愿

上述两项研究表明，人工智能在营销领域的创新、创造能力或许已经接近甚至超过人类。除创造之外，营销人员还会好奇人工智能是否能洞察、做决策，甚至是否有情感能力，是否能与消费者进行更有温度的沟通，为消费者提供更有温度的服务。

答案是肯定的，人工智能的能力远不止生成内容。

3.4　与人工智能共处

了解了人工智能供给侧的能力情况后，我们再看需求侧的情况，也就是消费者对企业在营销中使用人工智能这一行为的反馈。

首先，要认识到，大众对人工智能生成内容（Artificial Intelligence Generated Content，AIGC）的态度并不必然是积极的。学界已有研究发现大众存在"算法厌恶"（Algorithm Aversion）的倾向，例如本章开头提到的，AI绘画作品《太空歌剧院》就惹怒了众多人类艺术家，作者艾伦试图为该作品申请版权保护，但遭到了驳回。2022年12月，视觉网站ArtStation也爆发过反人工智能生成图片的行动，并蔓延到了各大AIGC领域。

因此，在营销领域，研究需求侧的消费者对AIGC的认知与反应尤为必要。复旦大学管理学院市场营销学系金立印教授开展的一项聚焦探究"消费者对AIGC的认知与反应"的研究，分析了同样的社交媒体内容由不同创作主体生产时，是否会导致消费者差异化的响应。

研究结果显示：当提示消费者广告文案创作主体为人工智能，或消费者自认为文案出自人工智能时，其对AIGC推荐产品的接受度和与企业发布的AIGC内容的互动意愿就会显著降低，并表现出强烈的算法厌恶倾向。具体而言，当消费者认为广告文案由人工智能生成（相较于人类撰写）时，他们会认为该内容更不可信、传达的观点更没有说服力，并且更想反驳该内容，同时他们也更不想了解该产品，购买意愿也会明显下降。

因此，改变消费者的算法厌恶倾向，对于推动人工智能在营销场景中的快速广泛应用至关重要。

　　研究还发现，若提示消费者广告文案由人机协同创作时，消费者的算法厌恶倾向会消失，他们会认为人类和人工智能共同创作的广告文案更可信，并表现出更积极的互动（点赞、评论和转发）意愿。同时，人类和人工智能共同创作广告文案，也会让消费者认为广告中涉及的品牌更具创新意识和效率意识。

　　这给营销人员一个提示，如果你的营销内容有人工智能的参与，那么传播时增加"人机协同"说明，可能会获得更好的效果。

思考与讨论：人和智能的关系如何演变？

　　提示：本章涉及的研究内容和结论均以 2024 年上半年为界，正如我们不断强调的，人工智能技术发展快，应用日益广泛，它对市场的影响也在不断变化，这些研究结论的有效期限为多长，人工智能仍在高速发展，您在读这本书时，营销市场上人工智能供给物更多、质量更高、形式更多样时，消费者的态度是否还和当前一样？这一切都是不确定的。

第 **4** 章

营销理念的演变：新时代营销的变与不变

营销的英文为 Marketing，它更准确的含义是"做市场"，所以也有一些学者把营销学翻译为市场学。之所以要做这个澄清，是因为营销（Marketing）是企业最重要的任务之一，它的本质是为顾客创造价值的活动、制度、流程和系统，而且随着时代的发展，营销的理念、方法与边界也在不断演变。

4.1 营销的本质

营销的本质是：为顾客创造价值的活动、制度、流程和系统。

每次为企业管理者授课时，笔者都会先问一个问题："一提到营销，你们脑海中浮现出的第一个关键词是什么？"对大家想到的第一关键词进行一个简单的频率统计，就会得到图 4-1 所示的词云。

图 4-1 企业管理者对"营销"的关键词联想

从图 4-1 中可以看出，对于营销，企业管理者联想到的最多的词是销售、广告、传播、产品、带货、渠道等。这些关键词从实践角度反映了什么是一线营销人员认为的重要的营销动作、任务或职能。

然而有趣的是，理论界对营销却有着不同的理解。对全球一流商学院的营销管理课程大纲进行文本分析后可以发现，出现频次最多的关键词不是销售或广告，而是客户（Customer），如图 4-2 所示。这反映了营销不仅仅是帮助企业完成销售职能或广告投放的动作，更是一种以客户为中心的经营理念。

图 4-2　全球一流商学院的营销管理课程大纲中出现的关键词

关于营销是什么，管理学大师彼得·德鲁克（Peter Drucker）早在 1954 年出版的《管理实践》一书里就进行了非常精辟的论述。他认为："是客户决定了企业是什么，只有当客户愿意付钱购买产品和服务，经济资源才能转变为财富，物品才能转变为产品……企业认为自己生产的产品是什么并不重要，重要的是要回答：客户是谁，他们在哪儿？他们需要什么？我们能帮他们解决问题吗？我们能比竞争者做得更好吗？我们能在这个过程中使自己和客户都得到好处吗？"

德鲁克的这一观点，体现了营销本质上是以客户为中心的一种经营哲学，其目的在于认识、了解和创造客户，让产品和服务符合他们的需求（创造客户价值），从而实现自我销售（让推销变得多余）。

美国市场营销协会给营销下了正式定义：营销是创造、传播、传递和交换对顾客、客户、合作者和整个社会有价值的市场供应物的一种活动、制度和过程。企业完成这些价值交换过程需要多方面的行动、工作和技能，包括完成产品设计、广告创意、媒体投放、渠道建设、管理销售团队等具体的任务。然而实施这些具体的营销动作需要一个重要的逻辑起点：找到目标客户并明确他们的需求，即"客户洞察"。

营销管理体系

因此，营销是一个为企业创造客户、为客户创造价值的系统。这个系统应包含感测、定位、交换、增长4个方面的职能，如图4-3所示。

感测：了解企业面向的市场，洞悉目标客户的需求。这是为了回答德鲁克的第一问和第二问——客户是谁，他们在哪儿？他们需要什么？

定位：营销要找到目标市场，为其设计差异化的价值主张。这是为了回答德鲁克的第三问和第四问——我们能帮他们解决问题吗？我们能比竞争者做得更好吗？德鲁克的这两个问题其实是要求明确，和竞争者相比，我们的企业能不能给目标客户提供差异化的价值。

交换与增长：这指向德鲁克的第五问——我们能在这个过程中使自己和客户都得到好处吗？企业只有和客户维持长期的、不可被替代的交易关系，双方在交易中都获得利益，企业规模才有可能持续地增长。

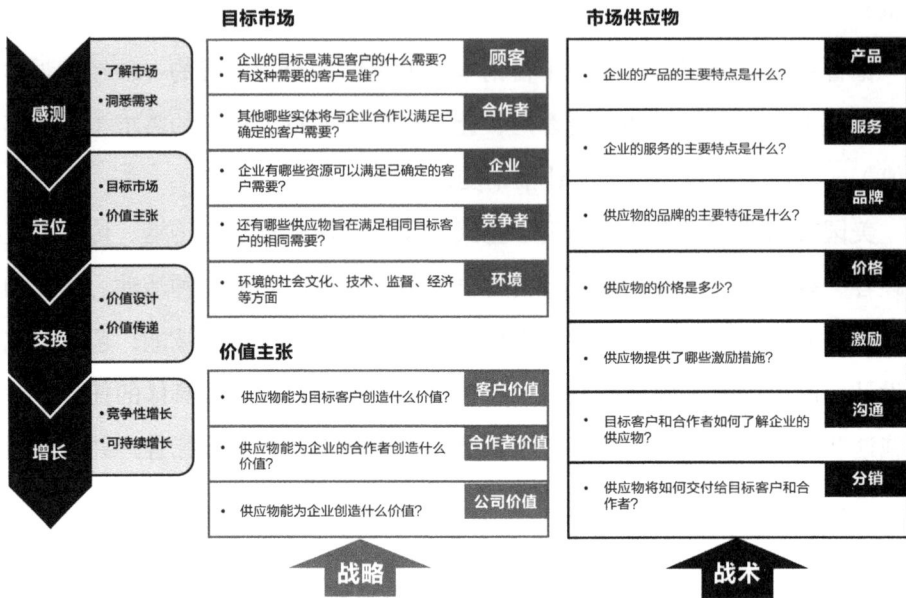

图 4-3 营销管理体系

资料来源：科特勒，凯勒，切尔内夫.营销管理：第 16 版 [M].陆雄文，蒋青云，赵伟韬，等译.北京：中信出版集团，2022.

对营销的上述定义界定了营销的核心任务：市场研究与客户洞察、价值设计、价值传递、市场竞争与增长。

实践中对营销的理解更多集中在价值设计与传递的环节（如广告、传播、销售、电商、产品等），对营销的市场研究与客户洞察、市场竞争等关键职能的重要性认知不足。但某种程度上，营销是侧重分析客户及其需求的一项研究工作，这一研究工作是广告、传播、产品创新等价值设计与传递方面具体营销动作的起点。

与财务、人力资源管理等企业职能不同的是，营销承担的更多是"向外管理"的任务，它连接了作为供给方的企业和作为需求方的客户，通过供需匹配来推动市场中的价值交换与价值创造。因此，当代营销的观念应该是以客户为中心的，营销实践需要围绕市场竞争展开，以洞察驱动，依赖系统化策略来落地。

4.2 营销的演变历程与未来趋势

营销一直都在随着社会环境特别是技术供给的变化而演变。

营销演变的 4 个阶段

随着市场环境、消费者需求的变化，以及科技的发展，营销的理念也在不断演变，以适应时代的要求。总体上，营销的演变是一个从生产导向、产品导向到销售导向和整合营销导向，再到关系营销、数字营销和社会责任营销。

生产观念主导的阶段（19 世纪末至 20 世纪初）。这个阶段，市场供应相对不足，消费者更关注产品的可得性和价格，企业主要关注大规模生产效率的提升，以降低成本并满足市场需求。

产品观念主导的阶段（20 世纪初至 20 世纪中叶）。随着市场竞争的加剧，企业开始关注产品的质量和特色，他们相信，优质的产品会提升消费者购买意愿，从而实现销售和利润的增长。在这一阶段，企业相信"酒香不怕巷子深"，主要关注产品质量的提升和性能的发展。

销售观念主导的阶段（20 世纪中叶至 20 世纪末）。在这个阶段，市场逐渐从卖方市场转向买方市场，企业开始意识到销售和促销的重要性。它们通过积极的销售和促销活动来推动产品的销售，着重强调产品的特点和优势。在这一阶段，广告、推销和促销策略得到广泛应用，市场研究也开始出现，企业试图了解消费者购买行为和对不同促销策略的反应，以找到刺激消费者购买产品的有效方法。

整合营销观念阶段（20世纪80年代）。在这个阶段，企业开始关注消费者需求和市场的变化，强调以消费者为中心，注重满足消费者的需求和欲望，并通过为消费者创造价值来提升消费者的满意度和忠诚度。这个阶段的市场营销更注重市场研究、客户关系管理和整合营销。产品差异化和市场细分成为重要策略，企业通过满足不同消费群体的需求来获得竞争优势。依托策略组合（产品、价格、渠道、促销）的整合营销成为普遍的实践方法。

20世纪末到21世纪初，在整合营销导向的基础上进一步衍生出了关系营销的观念。这一观念的产生源于企业普遍面临市场竞争加剧、获客成本上升的挑战。

企业发现，80%或更多的利润来自20%的客户，有些情况可能更极端，最有利可图的20%的客户（按人均计算）可能为企业贡献了100%的利润。另一方面，10%～20%最不能带来利润的客户实际上会使企业产生亏损，中间60%～70%的客户则使企业不赚不亏。

这意味着，企业可以通过管理客户组合来提高利润，因此产生了客户终身价值（Customer Lifetime Value，CLV）和客户资产（Customer Equity）的概念。

关系营销强调识别出有价值的客户或客户组合，并与其建立和维护长期关系的重要性。提高客户忠诚度和盈利性、经营客户生命周期价值成为企业重要的营销目标，口碑营销和客户关系管理成为主要的营销手段。

数字营销和社会责任营销成新趋势

进入21世纪，全球连接日益紧密，数字经济迅猛发展，可持续发展受到普遍关切。在这一时代背景下，科技、全球化和社会责任成为推动营销变革的关键力量，并把营销观念和实践带入数字营销和社会责任营销的新阶段。

一方面，数字化浪潮的到来对营销的影响是颠覆性的。企业可以通过对客户数据的搜集和分析来对客户需求进行更为精准的识别，通过个性化的、精准的数字化广告投放来高效触达目标客户，通过打通线上线下渠道为客户提供全渠道购物体验，等等。不仅如此，借助社交媒体和数字化平台，企业还可以与潜在客户开展更深层次的互动，甚至实现价值共创，例如，客户参与产品创新、客户主导内容生产。与传统营销相比，数字营销在战略特征上表现为"全链路管理，双向互动、人货场打通、精准化投放、个性化响应，可量化评估"，高效率、个性化、短周期、可迭代、精益化、快决策的营销管理新模式得以实现。

另一方面，以保护环境、关爱社会、优化企业治理为理念的环境、社会和公司治理（Environmental, Social and Governance, ESG）正在成为全球关注的焦点。当下的消费者已经将他们真正关心的可持续发展付诸语言和行动，越来越多的消费者希望了解企业在社会和环境责任方面的行为，以决定从哪家企业购买产品。这要求企业不仅要关注市场，还要关注社区和环境，在营销活动中强调企业的社会责任和可持续发展，通过营销活动来促进社会福利的提升和可持续发展。正如科特勒在《营销管理》（第 16 版）中所指出的："有效的营销必须与强烈的道德感、价值观和社会责任感相匹配，在企业社会责任中扮演更积极、更具战略性的角色。推动'社会责任营销'不仅有利于客户、员工、社区和环境，也有利于股东。"

事实上，社会责任营销这一理念最早萌芽于 20 世纪 70 年代，当时主要关注的是烟草、计划生育和艾滋病等社会问题。当下的社会责任营销理念的范畴已拓展至努力改善公共卫生、保护环境、为社区做出贡献、为金字塔底端消费者带来更多福利、促进社会公平等更广泛的领域。在数字技术和社交媒体广泛应用于营销活动的背景下，保护客户数据隐私、发展合乎道德的营销活动也成为企业社会责任营销实践至关重要的部分。

随着消费者对 ESG 问题的关注度的不断提升，他们更倾向于选择具有良好 ESG 表现的企业的产品和服务。因此，将 ESG 纳入企业营销战略的制定，不仅是企业履行社会责任、推动社会经济可持续发展的体现，更是企业提升产品创新能力、树立良好品牌形象、影响消费者购买决策的重要途径。从这个意义上来说，社会责任营销本质上也是"以客户为中心"营销理念在 ESG 情境下的新内涵。

4.3 企业营销战略的一般性实践流程

从营销管理的范畴可以看出，企业营销战略的一般性实践流程包含了在特定营销观念的统领和指导下的一系列系统性活动，如图 4-4 所示，而不仅仅局限于广告、电商或销售等具体的几项活动。尽管在有些行业里，某些具体的营销活动是关键性的。比如在许多企业对企业（Business to Business, B2B）行业中，出色的销售团队对于市场拓展至关重要；对于不少快消品行业来说，促销和广告能更直接地撬动产品销售。

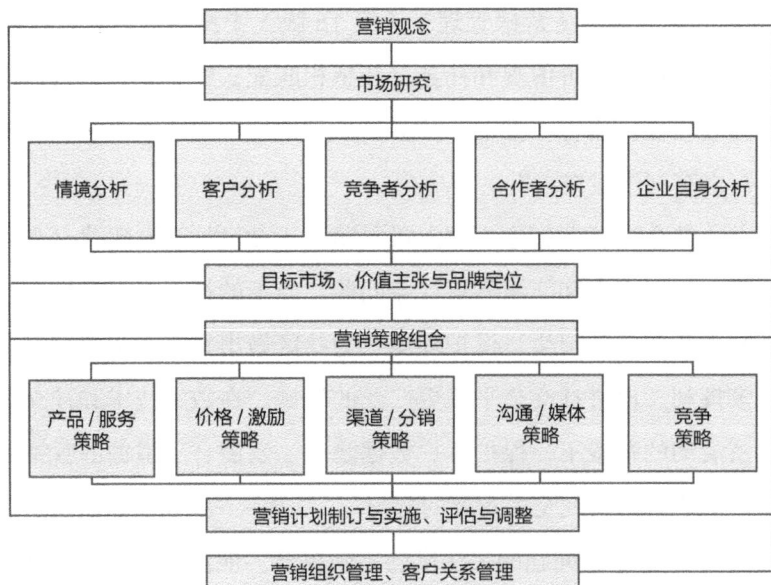

图 4-4 企业营销战略的一般性实践流程

整合营销的观念更强调系统性和整合性的流程，这样的实践流程为进入一个新的市场或经营一个新品牌的企业制定营销战略提供了一般性的路径。

市场研究

市场研究可以看作基于"5C框架"的环境分析，包括情境（Context）分析、客户（Customer）分析、竞争者（Competitor）分析、企业自身（Company）分析、合作伙伴（Collaborator）分析。

情境分析包括针对宏观环境的分析和针对微观环境的分析。针对宏观环境的分析主要研究政治、经济、社会文化、技术等宏观因素对供给、需求、营销方式的短期和长期影响；针对微观环境的分析则致力于弄清楚行业的价值链构成，价值链各环节之间的竞合关系、力量对比、市场规模和增长趋势等。

客户分析，即从需求侧出发，对目标消费者的需求、行为、态度、购买习惯等问题进行深入研究，目的是回答："潜在客户是谁？他们为什么买？他们如何决策？他们有怎样的媒体习惯和渠道偏好？"等一系列问题。

竞争者分析，即通过搜集直接和间接竞争对手的情报，分析他们的资源和能力，了解其产品、价格、促销、渠道等策略，从而明确市场中的供给状况。结合对企业自身的分析，可以进一步识别出企业参与竞争的机会点和优劣势。

企业自身分析主要聚焦于对内部资源和自身能力的系统性评估，包括核心的产品、服务和技术能力、供应链管理能力、财务健康度、品牌价值和市场定位、管理团队的能力、组织文化领导力、风险和改进空间等。分析的目的是通过内部诊断明确自身的优势与短板。

对合作伙伴进行分析，可以明确企业向目标客户提供价值的支持力量，合作伙伴包括但不限于材料供应商、渠道商、媒体代理公司等。企业应全面评估合作伙伴的战略一致性和文化兼容性、可靠性和信誉、技术实力与行业影响力、资源与风险分担能力等，从而选择合适的合作伙伴并与之建立稳固的合作关系，成功稳定地为向客户履约提供支持。

STP 流程

STP 流程是基于市场研究做出营销战略的选择，也是制定营销战略的核心，包括市场细分（Segmentation）、目标市场选择（Targeting）和市场定位（Positioning）3 个环节。各环节的内容和作用如下。

（1）通过细分市场，更好地了解市场的多样性和不同客户群体的需求差异，并得到具有相似需求和特征的多个细分市场。

（2）在市场细分的基础上，通过对各细分市场的规模和潜力、竞争对手的情况、企业自身的发展目标等的系统分析，选择一个或多个细分市场作为企业的目标市场，集中企业的资源和能力满足目标市场客户的需求。

（3）在所选定的目标市场客户的心智中，树立一个独特的品牌形象和价值主张，使企业的产品或服务与竞争对手的区分开来，从而形成一个独特的市场定位。

营销策略组合

之后是基于价值主张设计营销策略组合。关于营销策略组合，尽管不同行业、不同时代有着多种说法（诸如 4C、4R、4V、7P 等），但产品 / 服务、价格 / 激励、渠道 / 分销及沟通 / 媒体这 4 个方面的策略依然是企业实现整合营销的关键构成要件，这 4 个方面的组合策略也常被称为 4P 策略。除了 4P 策略之外，还需要配合竞争策略，以确保企业能实时监控竞争对手的一举一动，并动态地应对来自竞争对手的挑战。

最后是围绕营销策略组合来制订具体的营销行动计划，具体包括建立有效的营销组织架构、明确各部门的职责和协作关系、培训和激励营销人员、制定评估和控制机制、定期评估营销战略的执行效果、根据评估结果进行调整和优化。

需要注意的是，上述内容只是一般性的营销战略实践流程，不同企业因其行业特点和商业模式不同，营销战略实践流程会有所差异。此外，营销战略的制定是一个动态的过程，需要不断地进行评估和调整，以确保其有效性和适应性。

尽管图 4-4 展示的是一般性的实践流程，但其囊括了最核心的营销任务和场景，并展示了其中的关键流程和逻辑。

毫无疑问，包括客户洞察与竞争分析在内的市场研究是营销的"起点任务"，进行差异化的品牌价值定位是营销的"核心任务"，设计出有价值感的产品和具有说服力的内容是营销的"关键任务"，打造有竞争力的营销组织、不断优化营销策略工具系统是营销的"持续任务"。

思考与讨论：营销的变与不变

随着技术的不断发展与变化，营销领域中既有始终不变的方面，也有发生了显著变化的地方。

随着技术的进步，营销渠道变得更加多样化。例如，社交媒体的兴起为企业提供了全新的推广平台，数字营销手段也日益丰富，如搜索引擎广告、社交媒体广告等。同时，消费者的行为也发生了变化，他们更加依赖在线渠道获取信息，对个性化的营销内容需求更大。

还有一些基本的观念，如以客户为中心、品牌建设、细分与精准化等观念是否会随着营销技术的发展而变化呢？

第 5 章

营销运营的重塑：不断涌现的营销新技术

技术的发展与普及一直都在重塑营销的运营方式。从20世纪末到现在，互联网和大数据技术逐步改变了营销的整体运行模式，催生了广告技术、营销技术、社媒技术等多种技术生态，并塑造了万亿元级别的产业规模。如今，营销已经实现了全面的数字化，并向以生成式人工智能为技术基座的智能化阶段发展。

5.1 持续发展的数字化技术

数字营销是互联网和大数据技术在营销行业应用的产物。与数字营销关联最密切的几项技术分别是大数据、可寻址和云计算。接下来我们逐一回顾这些技术的发展历史及其给营销带来的变化。

大数据

大数据是用于处理和分析大规模数据集的技术。这些技术包括但不限于数据挖掘、数据存储、数据共享和数据可视化等。具体来说，运用大数据就是通过大规模并行处理数据库、数据挖掘等手段，从各种类型的数据中快速获得有价值的信息的过程。

大数据的主要特征如下。

大量（Volume）：数据量极大，超出传统数据处理系统的处理能力。

多样（Variety）：数据类型多，包括结构化、半结构化和非结构化数据。

高速（Velocity）：数据生成和处理的速度非常快，需要实时或近实时地处理。

真实（Veracity）：数据的真实性对分析的结果至关重要。

大数据一般会涉及数据采集、预处理、存储、计算和分析等多个环节。例如，在数据采集阶段，通常需要从社交媒体、企业数据库、日志文件等多种数据源获取数据；在数据预处理阶段，需要对收集到的数据进行清洗和质量控制。

需要强调的是，大数据不仅仅是一种数据存储技术，还是一种与海量数据相关的抽取、集成、管理、分析和解释技术体系，在商业、金融、医疗、科学研究等多个领域都有广泛应用。

在营销领域，大数据的发展让记录用户行为成为可能，并逐步发展延伸出用户画像分析、精准推送、搜索引擎营销、程序化广告交易、用户行为分析、广告归因分析等数字营销应用。

可寻址

在传统营销中，媒体或企业难以掌握用户的个人数据，直到基于大数据的可寻址的出现。可寻址可以给每个用户，或者与用户有关的设备分配一个标识符，让媒体或企业有机会直接与用户建立联系。它能通过多种方式识别和定位目标用户，分析用户行为，精准推送广告，从而提升各类广告的效果。

可寻址依赖于强大的数据分析与洞察能力，以"以人为本"的营销理念为基础，通过具有智能化、实时性和可扩展等特点的营销数据中台来实现。例如，利用成熟的可寻址，智能电视可以通过广告可见度（Viewability）、视频完成播放率（Video Completion Rate）等指标建立完善的测量体系，实现跨设备测量的统一。

未来，可寻址将不再依赖单一的标识符，而是会建立可扩展、开源并被消费者认同的解决方案，包括整合非身份衍生解决方案，以便接触没有可识别 ID 的不可寻址用户。

可寻址的应用也拓展到了跨媒体领域，包括实现各类媒体的用户身份互认、连接媒体侧用户身份系统与会员系统、客户关系管理系统等，从而衍生出了用户分析、客户生命周期价值分析、客户数据平台（Customer Data Platform, CDP）、营销自动化等一系列营销应用。

不过，可寻址的发展也带来了过度精准以及隐私泄露等问题。目前，各类平台正在尽可能地提高可寻址难度，或者阻止跨用户的可寻址，比如微信生态中，不同小程序运营者获得的同一个手机的微信 ID 就是不一样的。

云计算

云计算是一种通过互联网按需提供可扩展计算资源（如服务器、存储、软件等）的服务模式，用户无需管理物理设备即可实现数据存储、应用部署和算力调用。

移动互联网、云计算、大数据和人工智能的融合，正在推动着数字营销向更加智能、高效和个性化的方向发展。

云计算和大数据技术的应用，为企业提供了强大的数据处理能力。阿里巴巴的阿里云利用大数据分析，为商家提供消费者洞察和市场趋势预测，帮助商家制定更加精准的营销策略。腾讯的云计算平台通过个性化推荐服务，提高了营销活动的转化率。这些技术的应用，不仅提升了营销活动的效率，也让消费者享受到了更加个性化的购物体验。

5.2　广告技术产业

数字化技术的发展首先影响的是广告产业，新的广告技术（AdTech）行业出现，并迎来了爆炸性增长，其影响力在全球范围内迅速扩大。2010 年左右，LUMA Partners 出品的广告技术全景图（AdTech Landscape）（见图 5-1），对广告技术做了深入洞察和清晰描绘，为全球广告技术的发展指明了方向。LUMA Partners 的全景图不仅为行业提供了一个宏观视角，更揭示了广告技术生态中各个角色的相互作用和价值链的复杂性。这一生态的核心是程序化交易，它极大地提高了广告购买和销售的效率和精确度。

图 5-1　广告技术全景图

资料来源：参考 DISPLAY LUMAScape 2024 年版本绘制。

广告技术生态是一个多方参与的复杂系统，其中，广告主和媒体是生态中的主要博弈方。广告主追求高效的广告投放和最大化的投资回报，而媒体则希望其广告空间能够带来最大的收益。这一生态系统中的各角色各司其职，共同推动着行业的创新和发展。

广告技术生态中有几个核心的角色，分别是需求方平台、供应方平台、广告交易平台、数据管理平台、广告服务器。

需求方平台

需求方平台（Demand-Side Platform，DSP）代表广告主的利益，通过程序化购买的方式，帮助广告主在海量的广告库存中寻找和购买最适合其目标受众的广告位。DSP 利用先进的算法和大数据分析，实现对目标受众的精准定位和广告投放。

供应方平台

与 DSP 相对的是供应方平台（Supply-Side Platform，SSP），它们代表媒体的利益，帮助媒体将其广告空间以最优的价格销售出去。SSP 通过整合各种广告资源，为媒体提供一个统一的管理和销售平台，使其能够更高效地进行广告空间的变现。

广告交易平台

DSP 和 SSP 之间存在广告交易平台，它作为一个中立的交易市场，将来自 SSP 的广告库存与来自 DSP 的广告需求进行匹配和交易。广告交易平台通过实时竞价（Real-Time Bidding, RTB）机制，确保每一次广告展示都能以市场最优价格成交。

数据管理平台

数据管理平台（Data Management Platform，DMP）在广告技术生态中扮演着至关重要的角色。DMP 负责收集、整合和分析用户数据，为 DSP 提供精准的受众定向信息，从而提升广告投放的相关性和效果。

广告服务商

广告服务商（Ad Server）是广告内容的托管和发布平台，它们确保广告内容能够准时、准确地展现在受众面前，并提供广告投放的跟踪和报告功能。

　　基于 2024 年度的广告技术生态图，广告技术生态中的角色已经进一步发展和细化至 23 个不同的领域，以适应不断变化的市场需求和技术进步。

　　广告技术的全景图不仅揭示了技术生态里的角色和流程，还展示了它们之间的相互依赖和动态平衡关系。正是这种复杂的相互作用，推动了谷歌、百度、爱奇艺、TTD 等公司的快速发展。这些公司利用广告技术生态的优势，实现了业务的快速扩张并巩固了自身的市场领导地位。

5.3　营销技术产业

　　营销技术（MarTech）的概念最早由 HubSpot 公司的首席营销技术官斯科特·布林克尔（Scott Brinker）于 2008 年提出，并且他每年都会发布全球营销技术全景图，如图 5-2 所示。

广告与促销	内容与体验	社交与关系	交易与销售	数据	企业管理
展示广告与程序化投放	内容营销	自动响应管理	零售与物流	营销分析与归因	敏捷管理
		呼叫分析与管理			
	客户管理平台	客户体验服务	联盟营销与管理	受众/营销数据	协作
移动营销	数据资产平台	影响者	销售自动化赋能与智能	数据集成与标签管理	
	电子邮件营销	客户关系管理		商业/客户情报与数据科学	人才管理
原生内容广告	交互式内容	忠诚度与推荐			预算与财务
公关	营销自动化与营销活动/客户管理	社区与评论	电子商务平台和购物车	DMP	
广告发布	移动应用程序	活动、会议和网络研讨会		仪表盘和数据可视化	项目和工作流程
搜索与社交广告	个性化测试	社交媒体营销监测	渠道合作伙伴和本地营销	合规和隐私	产品管理
	搜索优化			移动和网络分析	供应商分析与管理
视频广告	视频营销	实时聊天/聊天机器人		客户数据平台	

图 5-2　全球营销技术全景图

资料来源：参考 2023 年 Marketing Technology Landscape 翻译制作。

营销技术全景图涵盖了广告与促销、内容与体验、社交与关系、交易与销售、数据、企业管理等多个模块，用于展示营销技术领域的服务商和产品。营销技术全景图发展至今，覆盖的全球企业从 150 家增长到超过 11000 家。

营销技术的核心逻辑在于企业通过技术手段，能够直接与消费者建立联系。在营销技术生态中，企业通过构建自有的、可控的触点，如品牌网站、移动应用、社交媒体账号等，直接与消费者建立联系。在这种模式下，企业能够收集第一手的客户数据，并通过营销自动化工具、客户数据平台等实现对客户旅程的精细管理。营销技术生态的博弈方更注重品牌与消费者之间的直接互动，以及如何通过个性化体验来提高客户忠诚度。

营销技术的生态是多面的，它由一系列核心模块构成，如营销自动化、客户关系管理、客户数据平台、内容管理系统、数据分析、社会营销等。这些模块相互交织，形成了一个协同工作的网络，共同推动营销活动的高效执行和创新。

营销自动化

营销自动化是营销技术的心脏，它赋予营销人员"超能力"，使他们能够设计复杂的营销活动，同时确保这些活动能自动运行。通过营销自动化，个性化的电子邮件、社交媒体帖子，甚至广告都可以根据预设的触发器和条件自动推送，这极大地提升了营销效率和响应速度。

客户关系管理

客户关系管理（Customer Relationship Management，CRM）系统作为营销技术的大脑，存储着宝贵的客户信息和互动历史。CRM 系统帮助营销人员理解每一位客户的独特需求和偏好，从而在适当的时机提供恰当的信息和优惠，加深与客户的关系。

客户数据平台

在营销技术的生态中，客户数据平台（Customer Data Platform，CDP）整合了来自不同渠道的客户数据，构建了一个统一且全面的客户视图。这使得营销策略不仅能够基于历史数据，还能够通过预测未来行为，实现更加精准的定位。

内容管理系统

内容管理系统（Content Management System，CMS）让营销人员能够轻松创建、管理和发布内容。无论是网站、博客还是社交媒体，CMS 都确保了内容的新鲜度和一致性，帮助品牌以恰当的语调和风格与消费者沟通。

数据分析

数据分析工具则为营销技术提供了决策支持。通过实时监控和分析营销活动的表现，营销人员可以快速调整策略，优化预算分配，确保每一分钱都花在刀刃上。

社交媒体管理

社交媒体管理工具让营销更加贴近消费者。这些工具帮助营销人员在社交媒体平台上与消费者建立联系，加强社区群的凝聚力，提升消费者对品牌的忠诚度。

营销技术的这些核心模块并不是孤立存在的，它们相互连接、相互支持，形成了一个强大的营销机器。随着技术的不断进步，这些模块也在不断进化，为营销人员提供了更多的可能，帮助他们在不断变化的市场环境中保持领先。

中国营销技术生态的发展

中国营销技术生态的发展是一个多元化和深层次的过程，涵盖了技术创新、市场策略、消费者互动等多个方面。

首先，技术创新是中国营销技术生态发展的原动力。随着大数据、人工智能、云计算等前沿技术的快速发展，营销领域迎来了前所未有的变革。这些技术的应用，使得营销活动更加智能化、精准化。例如，通过机器学习算法，企业能够分析海量消费者数据，预测市场趋势，制定个性化的营销策略，从而实现与消费者的有效沟通。

其次，市场策略的调整和优化，是中国营销技术生态发展的一个重要特征。企业不再仅仅依赖传统的广告投放和促销活动，而是通过深入分析消费者行为和偏好，设计更符合市场需求的产品和服务。同时，利用营销技术工具，企业能够实现营销活动的自动化和规模化，提高营销效率，降低成本。

最后，消费者互动的深化标志着中国营销技术生态正在向更加成熟和人性化的方向发展。数字化时代，消费者期待与品牌的每一次接触都能获得个性化和有价值的体验。营销技术生态中的客户关系管理、社交媒体管理等模块，为企业提供了与消费者建立长期关系的工具和平台。通过这些工具和平台，企业能够及时响应消费者的需求和反馈，与其建立起更加紧密和持久的联系。

营销技术发展的意义：平权化

在一篇名为《营销技术平权化：将权力从 IT 分配给营销技术人，再分配给每个个体》的文章里，布林克尔以网站设计为例，说明了技术普及的结果：从少数精英手中接过创造和发现的权力，并将其交到多数普通人手中。

伴随着营销技术的平权化，以及得益于去中心化的营销模式，每个营销人员在客户旅程中都可以与客户互动，并提出有潜力的洞察，以服务营销活动，而不存在技术方面的阻碍。从一线的客户服务人员，到解决客户投诉的夜班经理，每个人都有独特的知识，可以对新一轮客户互动产生积极的影响。聪明的企业将通过自己的营销自动化平台推动知识的传递，让员工知道他们的贡献是有价值的。

真正专业的营销人员会变得更有价值，而非人们可能误以为的对企业的价值降低。企业将需要营销人员的技能和专业知识来打地基，使得那些新的非营销人员可以顺利工作，而营销人员将成为幕后指导者，不仅需要策略性地思考，还要有创造性地识别不同的场景和情况。在这些场景和情况下，营销人员将打造出漂亮的、没有失误的营销活动，从而产生销售线索和实现转化。

经销商、银行、特许经营商铺等传统企业是由一个中心控制的实体。但随着营销技术的平权化和去中心化营销的到来，营销人员将拥有对自己的办公室、商店进行自主决定的权力，并清楚地知道哪些活动正在起作用，哪些访问者正在给予回应，以及哪些优化策略最能带来客户。

当企业决定在去中心化的营销环境中接受营销技术的平权化时，其成本必然会降低。节省的成本很大一部分源自重复工作的减少。例如，创建一组可以用于整个企业的设计模板比每个部门雇用一名设计师创建自己的模板划算得多。

营销人员最了解其所在地区客户的具体需求和各个群体的细微差别，能够通过定制活动直接与他们的邻居和朋友对话，这样的交流会更有说服力、更加精准，并可以使营销人员更好地与他们试图触达的人产生共鸣。各区域办公室并没有采取企业总部提供的通用建议，而是根据当地情况组织营销活动。这会让客户对企业的满意度大幅度提高。

思考与讨论：生成式人工智能给营销带来的本质变化是什么？

人工智能能力日新月异，它在深度影响社会的同时，也带来了营销的变革。人工智能的应用推动了营销生产力、洞察力、内容力和媒介生产力的全面提升，还改变了营销的生产关系，包括企业的客户、员工、组织架构，以及营销生态的全面变化。

生成式人工智能被引入市场营销之后，营销将开启一个全新的时代，这个时代的营销与之前的以互联网营销为主的数字营销相比将会有哪些变化呢？

第 **6** 章

营销场景的闭环：消费者和企业深度连接

现代营销扎根于技术，通过各类数字媒介，用数据和智能连接企业和消费者。营销与不断迭代的技术相结合，使企业与消费者进行精准、深度的互动，满足消费者的个性化需求。

营销作为目标性极强的企业行为，需要在数据的驱动下实现闭环的运行及优化，而在此过程中产生的用户数据、过程数据及技术，都是企业宝贵的无形资产。

6.1　六大营销场景

当代企业广泛应用各类营销手段，根据秒针营销科学院发布的营销数字化转型登山图，目前企业的六大营销场景分别为广告、社媒营销、内容生产、电商、用户管理、创新管理。

广告

广告是最具规模化能力的营销手段，在投入充足的情况下，能够快速覆盖大多数的客户和消费者。传统媒体时代，对很多企业而言，营销约等于广告，广告费用在营销投资中占比最高。广告包括线上广告、户外广告、电视广告等。

社媒营销

社媒营销，不只包括常规的硬广和软文投放，更多是从用户体验出发，通过深度互动，搭建起品牌和用户的有效沟通途径。区别于广告的数字化，社媒营销数字化的核心主要集中在自有社交媒体账号数字化运营、达人营销数字化运营和用户数据数字化洞察三方面。

内容生产

内容生产与广告、社媒营销、电商和用户管理等存在交叉关系。在数字化的环境中，我们将广告、社媒营销、电商和用户管理定义为营销方式，内容生产则是贯穿各营销方式的横向能力，其生产的内容可以通过不同的营销方式快速地分发出去。

电商

经过多年的发展和迭代，电商的营销价值在用户、平台属性、数据积淀和技术发展的共同作用下不断提升。相较于其他类型的媒体平台，电商平台除了拥有愈发重要的媒体属性外，还具有消费属性，这使得电商平台上的营销投放拥有快速转化为实际消费的基础。同时，电商平台的营销从搜索、展示为主的模式，逐渐扩展出由图文、短视频、直播构成的信息流、直播广告等多元营销模式，内容化程度不断加深，能有效帮助广告主实现品效合一。

用户管理

数字化技术的发展让企业有了摆脱中间代理而直接与用户或客户建立联系的可能性。面对用户强烈的个性化诉求与日趋高昂的获客成本这两方面的压力，越来越多的品牌意识到连接用户、形成一方用户数字资产池的重要性。直连用户，在品牌可控的私域范畴内进行用户资产沉淀留存，与用户进行更深入的沟通，提升与用户的互动能力、改善交互体验，才能使品牌在用户与市场环境双双数字化的背景下，获得更高效的增长。

创新管理

德鲁克说过："一个企业要发展，它最大的两个动力是营销和创新，其余都是成本。"创新是企业发展的动力。在如今的时代，没有创新，毋宁死，这句话已经是许多企业的觉悟。企业只有不断地创新才能抓住新时代下新的机遇，也只有通过创新，企业才能产生突变，具备应万变的能力，以应对快速变化的市场。

创新管理的数字化包括智能识别市场机会、大规模运用数字化手段和工具，整合多方资源提升创新效率和创新成功率。

6.2　营销的精准、互动、个性化

与技术深度融合后的营销展现出 3 个新的特征，包括精准、互动以及个性化。精准是指将营销活动与目标用户智能匹配起来。互动强调将目标用户视为交互的对象，而不仅仅是被动的接收者。个性化强调进一步分析目标用户的需求和满足目标用户的个性化需求。这三大特征随着生成式人工智能技术的发展将变得更明显。

精准

技术与营销结合后的一个重要的优化方向是精准，即通过数据分析识别目标用户的消费潜力，并且将有限的资源优先投向最有潜力的方向。

营销精准涉及人群精准、位置精准、上下文精准、再定向、推荐系统等。

人群精准

人群精准是可寻址技术的基础应用。通过分析用户的行为数据、兴趣偏好、社会属性等信息，可寻址技术能够识别出具有特定特征的目标群体。例如，根据用户在社交媒体上的活动，可以判断出用户的兴趣点，进而推送相关内容。这种精准的人群定位，不仅提高了广告的转化率，也提升了用户体验。

更重要的是，人群精准还能够帮助企业节省资源，避免将广告投放到不感兴趣的用户群体中，从而提升广告投放的效率和效果。这种精准的营销策略，使得企业能够更好地利用有限的营销预算，实现更高的投资回报率（Return on Investment，ROI）。

位置精准

位置精准通过地理信息系统（Geographical Information System，GIS）和卫星定位系统等技术实现。企业可以根据用户的实时位置信息，推送地理位置相关的服务或优惠信息。这种方式不仅能提高用户的参与度和满意度，还能增强用户的购买意愿。例如，一家餐厅可以通过分析用户的位置信息，向附近的用户推送优惠券或促销活动信息，吸引他们进店消费。这种方式不仅能提高餐厅的客流量，还能通过提供个性化的服务，提高用户的忠诚度。

上下文精准

上下文精准是指根据用户当前所处的时间、情境等因素，推送与之相关的信息或服务。例如，当用户晚上浏览健康类内容时，可以为其推送关于健康食品或健身服务的广告。上下文精准推送，能够更好地满足用户即时的需求，增强信息的吸引力和相关性。

此外，上下文精准还能够帮助企业更好地理解用户的需求和偏好，从而提供更加个性化的服务。通过分析用户在不同情境下的行为，企业可以发现用户的需求变化，并及时调整其产品或服务，以满足用户的需求。

再定向

再定向是一种基于用户历史行为的营销策略。通过跟踪用户在网站上的行为，如浏览、搜索、添加到购物车等，企业可以在用户离开网站后，通过其他渠道再次向用户展示相关产品或服务的广告。这种方式不仅能够增强用户的购买意愿，提高转化率，还能够通过提供用户感兴趣的产品，提高用户的忠诚度。

再定向是一项重要的营销技术，其底层逻辑是营销效率的对比。一般认为，让现有品牌客户发生购买、挽留流失客户，以及促进有兴趣的客户购买比获取一个全新的客户更有效率。

拼多多的海外项目 TEMU 在美国市场上线后，通过再定向策略迅速获得了用户关注。TEMU 利用用户在平台上的浏览和购买行为，通过社交媒体和其他在线渠道进行再定向营销，提高了用户回访率和购买转化率。

推荐系统

推荐系统会利用算法向用户推荐其可能感兴趣的产品或内容。推荐系统通常基于用户的历史行为、偏好等信息，通过协同过滤、内容推荐、混合推荐等方法，为用户提供个性化的推荐。推荐系统不仅能够提高用户的满意度和忠诚度，也能够为企业带来更高的销售额。

推荐系统可以对内容、商品、折扣等进行动态调整及优化，帮助用户便捷地筛选出自己感兴趣的内容，并在用户需求不明确时提供参考意见。

互动

营销技术还创造了与用户深度互动的各种方式。这种互动基于数字平台的即时通信和社交网络功能，允许企业与消费者进行实时、双向的沟通。这种沟通方式不仅提高了用户的参与度，也为企业提供了直接获取用户反馈和偏好的途径。

在深入探讨互动的各种形式之前，首先需要明确互动的定义。互动可以分为两大类：情感的互动和行为的互动。情感的互动涉及用户与品牌之间的情感联系，这种联系往往通过品牌故事、价值观共鸣等建立。而行为的互动则更加具体和可量化，体现在用户对品牌营销活动的直接响应上。

常见的行为互动包括以下 3 种类型。

点击互动

点击率（Click-Through Rate, CTR）是衡量数字广告效果的一个重要指标。它反映了用户对广告内容的感兴趣程度以及广告吸引用户进一步探索的效率。高点击率通常意味着广告内容与目标用户高度相关，能够激发用户的好奇心和参与意愿。为了提高点击率，企业需要精心设计广告，确保其能吸引目标用户的注意力。同时，通过 A/B 测试等方法，企业可以不断优化广告内容，找到最能触动用户的广告形式。

社交媒体参与

社交媒体平台为企业提供了一个展示品牌个性、与用户建立联系的窗口。通过发布有吸引力的内容、举办互动活动或回复用户评论，企业可以在社交媒体平台上提高参与度，从而不仅能够提升品牌的可见度，还能增强用户对品牌的认知、提高用户忠诚度。例如，通过举办线上问答、直播互动或用户生成内容（User Generated Content，UGC）活动，企业可以激发用户的参与热情，让他们成为品牌的传播者和倡导者。

社群互动

社群营销是数字营销的重要组成部分，它侧重于建立和维护品牌的忠实粉丝群体。在社群中，用户可以就共同的兴趣和需求进行交流，企业也可以通过提供专属优惠、举办线上聚会等方式，增强社群成员的归属感、提高其忠诚度。社群互动成功的关键在于营造一个安全、包容的环境，让成员感到他们的声音被听到，他们的贡献被重视。企业可以通过定期的社群活动、反馈机制和激励措施，鼓励成员积极参与，分享他们的经验和见解。

营销的深度互动性为企业提供了一个与用户建立长期关系的平台，通过不断地沟通和反馈，企业能够更好地理解用户需求，优化营销策略，并在竞争激烈的市场中获得优势。

个性化

如今，用户越来越挑剔，期望越来越高，原有水平的产品和服务不再能满足其需求。他们的注意力会更多地放在与自己相关的、体验好的信息和服务商上。营销在技术的支持下，不仅实现了沟通和服务的个性化，未来还将实现服务的个体化，也就是让每个人都能享受贵宾服务。

个性化推荐系统

个性化推荐系统是数字营销中实现服务个性化的重要工具。通过分析用户的历史行为、偏好和实时互动，系统能够预测用户的需求和兴趣，进而提供定制化的内容。例如，电商平台根据用户的购物历史和浏览习惯，推荐相关商品，不仅提升了用户的购物体验，也提高了购买转化率。

用户数据的深度挖掘

为了实现服务的个性化和定制化，企业需要深度挖掘用户数据，包括但不限于用户的基本信息、行为数据、交易数据等。通过对这些数据的分析和挖掘，企业能够更深入地了解用户的特征和需求，从而提供更加贴合用户需求的产品和服务。

定制化内容营销

内容营销是数字营销的重要组成部分。通过定制化内容营销，企业能根据不同用户群体的特点和需求，提供差异化的内容。例如，通过搜索引擎优化，企业能够根据用户的搜索习惯和偏好，提供更加精准的搜索结果；通过社交媒体，企业能够根据用户的兴趣和喜好，发布更能吸引用户注意力的内容。

社交媒体的个性化互动

社交媒体平台为企业提供了一个与用户进行个性化互动的渠道。企业可以通过社交媒体了解用户的意见和反馈，及时调整营销策略，提供更加个性化的服务。此外，企业还可以通过社交媒体进行定制化的推广活动，如定制化的促销活动、定制化的互动游戏等，提高用户的参与度和忠诚度。

个性化广告投放

在数字营销中，个性化广告投放是提升广告效果的重要手段。企业通过分析用户的行为和偏好，实现对用户的精准定位，进而投放个性化的广告。例如，通过程序化购买技术，企业能够根据用户的行为和偏好，自动购买和投放个性化的广告，提高广告的点击率和转化率。

定制化产品和服务

除了营销策略和服务的个性化，企业还能够根据用户的需求和偏好，提供定制化的产品和服务。例如，通过用户参与的设计和定制，企业能够为用户提供独一无二的产品；通过用户反馈和建议，企业能够不断优化和改进产品和服务，满足用户的个性化需求。

个性化体验的持续优化

个性化和定制化服务的实现是一个持续优化的过程。企业需要不断地收集用户反馈，分析用户行为，优化个性化算法，以提供更加精准和贴心的服务。同时，企业还需要关注用户隐私和数据安全，确保用户信息的安全和合法使用。

个性化与定制化服务的提供，不仅会提高用户的满意度和忠诚度，也会为企业带来更高的客户生命周期价值。随着国内用户对的需求升级，个性化和定制化无疑将成为数字营销的核心竞争力之一。

6.3　数据驱动营销闭环

数据可以帮助企业做出正确的决策。通过收集和分析大量的业务数据，企业可以更准确地预测市场趋势，优化资源配置，并提升决策的效率和效果。

营销市场越来越强调ROI，无论效果营销还是品牌营销，其目的都是获得回报，数据与技术的使用将帮助企业算清并不断提高ROI。

广告主通过百度、腾讯等平台进行精准营销，利用用户搜索历史、浏览行为等大数据进行用户画像分析，实现精准定位。新的交易模式确保了广告主只需为实际的用户点击或转化付费，极大提高了广告预算的使用效率和营销的实效性。

实现数据驱动的营销闭环主要有以下几种分析方法。

归因分析

归因分析（Attribution Analysis）是对用户行为路径中各个触点的贡献进行量化的过程。它帮助企业识别哪些触点对用户的最终转化起到了决定性作用，从而更合理地分配营销资源和预算。企业通过归因模型，如首次触点归因、最后触点归因或线性归因等，可以评估不同触点的影响力，实现对营销渠道的精准优化。

频次分析

频次分析专注于评估广告触达用户的次数及其对用户行为的影响。这种分析对于理解广告效果至关重要，因为它涉及广告的饱和度和用户对广告的疲劳度。企业通过分析不同广告频次下的用户反应，可以优化广告投放策略，确保广告既能引起用户注意，又不会因频繁出现而使用户反感。

路径分析

　　路径分析揭示了用户在完成特定目标过程中的行为轨迹。通过识别用户行为的典型路径，企业可以发现用户体验中的痛点和障碍，进而进行针对性的优化。路径分析不仅关注用户的最终转化，更重视转化过程中的每一个环节，以提升整体的用户满意度和转化效率。

内容优化

　　内容优化是提升用户体验和转化率的直接手段。通过对用户对内容的反馈和用户行为数据的分析，企业可以不断调整和优化内容策略。这包括对内容的吸引力、相关性和呈现方式持续改进，以及对用户偏好和需求进行深入洞察，以确保内容与用户期望相符。

案例：第三方数字广告监测系统

　　在数字广告的交易体系中，不同于传统媒体，数字广告的定向投放、精准投放使得广告变成了媒体可主动控制接收者的行动，流量造假也成为可能。为了使交易市场更透明、交易流程更可靠，以及使数字广告的效果得到科学公正的测量，拥有公正立场的第三方数字广告监测系统（以下称广告监测方）成了行业生态中不可缺少的角色。

　　广告监测方（如秒针系统这样的公司）通过技术手段，采集数字广告交易中消费者曝光量、点击行为、转化结果等全链路数据。数据的采集是实时全量的，被行业广泛接受为广告交易的"货币"，广告主和媒体方也是以此为依据进行结算的。

　　一家知名的快消品企业每年在数字广告上的投入超过 5000 万元，但该企业一直缺乏对广告实际投放量的准确了解。这不仅影响了预算的有效使用，也难以评估广告的真实效果。秒针系统通过其数字广告监测工具 Admonitor，对该企业的广告投放进行了全面的监测和分析。结果发现，该企业实际的投放量与媒体声称的投放量存在显著差异。这一发现促使媒体补足了之前未达到的投放量，并且在秒针系统的持续监测下，媒体甚至超额完成了投放任务。这家企业因此节省了 40% 的广告预算，广告投放变得更加精准和高效。

另一家快消品广告主在数字广告投放上一直依赖传统的千人成本 / 点击成本指标，但这些指标无法全面反映广告对目标受众的实际触达情况。秒针系统利用 Admonitor 工具，结合真人样本库，对目标受众的覆盖比率和频次进行了细致的测量和分析。结果是，在不增加预算的前提下，广告主成功触达了更多的目标受众，触达率提升了 20%。同时，通过优化触达频次，广告主提升了目标受众的深度参与度，广告效果得到了显著提升。

还有一家美妆广告主面临着自有数据量增长的瓶颈。尽管该广告主已有百万级的用户数据，但在隐私保护日益严格的今天，如何合规地扩大数据资产成了一个难题。秒针系统不仅帮助该广告主与媒体协商，确保数据收集的合规性，还利用 Admonitor 工具，对每天的广告投放覆盖人群进行了精准的数据收集和处理。在短短一个月内，该广告主的自有数据量实现了质的飞跃，从百万级增长到了亿级。这些数据包含了大量高价值的用户行为信息，为广告主提供了市场洞察和精准营销的宝贵依据。

思考与讨论：生成式人工智能给营销流程带来的改变是什么？

　　生成式人工智能在互联网和大数据的基础上发展起来，带来了大量的新特性。思考一下，营销流程会有什么样的变化？广告还会存在吗？生成式人工智能可以快速生成多种内容后，它是否会替代现有的广告流程？生成式人工智能的能力已经堪比营销人员，那么营销还需要更多人的参与吗？请根据营销的六大场景与特征进行思考。

2

第二篇

"生成"的力量：被重构的营销新范式

过去20年，营销的技术底座是互联网和大数据。未来20年，营销的技术底座是生成式人工智能。营销的范式将会被全面变革为生成式营销。

本篇一共6章，包括从数字营销到生成式营销、营销生产力大爆发、生成式营销全场景、生成式营销生态变化、培养超级员工、打造超级企业。

在本篇，你将学到生成式营销的全面变革过程。

第 **7** 章

操作系统重构：从数字营销到生成式营销

营销与日益发展的技术不断结合和进化。

在大众传播时代，营销与电台、电视台紧密结合，创造了"广告大规模覆盖"这样一种极具效率的营销模式，并且促进了广告公司和媒介代理公司的全球化发展。

在互联网时代，随着互联网技术和大数据技术的发展，营销也进化为数字营销，并且发展出了一系列精准的新触点、新方式。

随着生成式人工智能的发展，营销的各个流程正在以新的逻辑得到调整，几乎所有的营销技术和工具都正在由生成式人工智能重塑。

7.1 营销操作系统的变化

从工业经济时代到数字经济时代，再到人工智能时代，市场营销的操作系统也在不断发生变化。工业经济时代的"规模经济"正逐渐演变为人工智能时代的"范围经济"。

企业史学家、战略管理领域的奠基者艾尔弗雷德·钱德勒（Alfred Chandler）在其著作《规模与范围：工业资本主义的原动力》中揭示了企业如何通过规模经济（大规模生产降低单位成本）和范围经济（多样化产品共享资源）建立竞争优势。

规模经济背后的逻辑是共担成本：随着企业扩大生产，它可以将固定成本（资本、研发和管理等的成本）分摊到更多单位，降低单位平均成本。此外，由于较大的企业还能获得更好的技术和劳动力，所以其运营效率也会提升，成本会进一步下降。

范围经济背后的逻辑是共享资源：通过利用相同的资源或基础设施来生产多种产品和服务，企业可以降低其整体成本。这是通过资源（如基础设施、劳动力和技术）共享，以及在营销、分销和研发等领域加强协同实现的。

为什么从工业经济时代到人工智能时代，规模经济将逐渐转变为范围经济？我们先从消费者需求和技术角度出发，看人工智能出现后的需求之变。

工业经济是规模经济的代表，工业经济时代，企业通过规模生产和大量分销满足消费者需求，但它其实并不知道消费者需要什么。之后，随着生产力的发展带动产能提升，市场出现供大于需的情况，为了能在规模经济中胜出，企业需要通过市场调研和访谈来猜测消费者需要什么。随着数字经济时代到来，消费者能够在互联网上进行搜索、点击、收藏和购买，这在某种程度上其实是通过行为告诉企业自己需要什么。随着我们进入人工智能时代，上述营销模式将再度进化，消费者将与人工智能持续交互，以满足自己的需求。

在这一过程中，营销操作系统首先是实现了"渠道民主化"，即每个消费者都可以基于电商平台、搜索引擎找到商品，企业的商品不需要通过传统渠道交付给消费者；随后，消费者不只通过电视广告等媒体获得商品信息，还能通过社交媒体获得商品信息，传播实现了"媒介民主化"；最后，实现了消费者"工具民主化"，生成式人工智能帮助每个消费者拥有自己的消费决策助手和工具，实现消费的超级个体化。

人工智能出现之前，企业无法得到能力强、成本低、用户忠诚度高的营销工具；而人工智能的出现打破了这一局面，如图 7-1 所示。

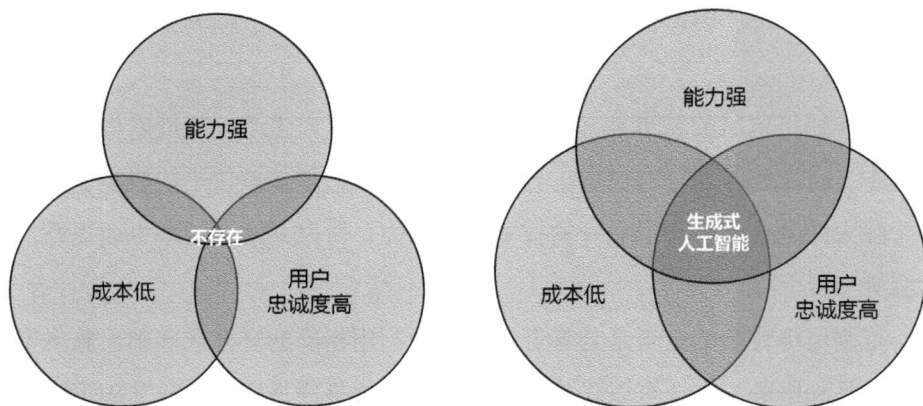

图 7-1 营销的不可能三角

接下来，我们分析一下工业经济时代与数字经济时代的营销操作系统是如何工作的。

工业经济时代，营销操作系统依赖高速公路（物流成本下降）、实体店（无处不在）和品牌建设。最典型的消费行为是"开车去沃尔玛，买宝洁生产的产品"。

数字经济时代，营销操作系统的构成是。互联网（看内容）、电商平台（逛一逛）、搜索（找一找）。最典型的消费行为是"看到广告，去天猫找一找、逛一逛后购买"，如图7-2所示。

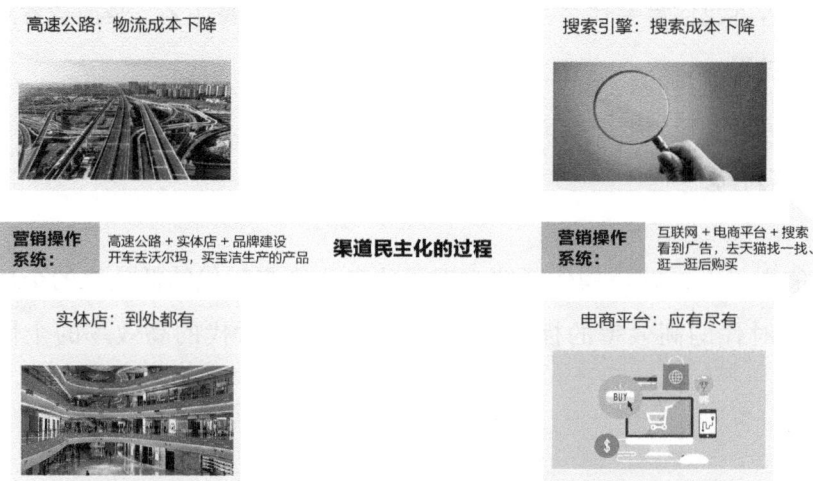

图7-2 工业经济时代与数字经济时代的营销操作系统

人工智能时代的营销操作系统将进一步升级。典型的购买决策场景可能会变成消费者和人工智能聊天机器人的持续互动，在这个过程中，双方不断沟通，消费者不断明确自己的需求，进而完成决策与购买。

在这个过程中，营销操作系统实现了以下层面的升级，如图7-3所示。

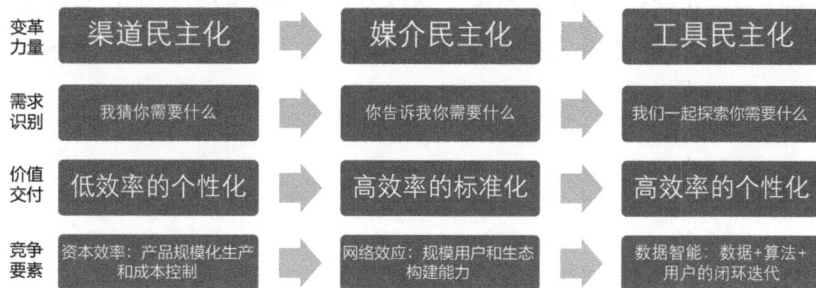

图7-3 营销操作系统的升级

消费者需求识别升级

渠道民主化、媒介民主化、工具民主化是底层的变革力量。从我猜你需要什么到你告诉我你需要什么，再到我们一起探索你需要什么，是消费者需求识别的升级过程。

价值交付升级

价值交付上，营销操作系统实现了从工业经济时代的低效率的个性化到数字经济时代的高效率的标准化，再到人工智能时代的高效率的个性化的升级。

企业营销竞争要素升级

在不同时代，企业营销竞争要素不同。在工业经济时代，能完成产品规模化生产和成本控制的企业可以胜出；在数字经济时代，拥有规模用户和生态构建能力的企业可以胜出；在人工智能时代，企业之间比拼的是数据能力与智能化的水平，数据、算法、用户的闭环迭代能力将是制胜的核心。

总之，生成式人工智能不只是一项提升营销效率的新技术，它改变的是整个营销操作系统，带来的是营销的全面变革。在人工智能时代，市场营销的理论与实践都将被重塑。

7.2 生成式营销的定义

除了营销操作系统的变化外，生成式人工智能还带来了营销生产力的大爆发，同时引发了营销生产关系的巨大变化，成为新质生产力的重要组成部分。

从经济学中生产力与生产关系的视角来看，我们认为生成式人工智能被引入市场营销之后，营销将开启一个全新的时代，这个时代与之前已经发展了 20 多年、以互联网营销为主的数字营销时代相比，存在本质上的不同并将有飞跃式的发展。

原有数字营销的理论方法、沟通工具，流程特征等都亟须重塑，笔者把新的营销模式定义为"生成式营销"。

生成式营销是指应用前沿的生成式人工智能能力赋能生产工具，在营销领域的业务流程中，实现营销生产力效率的全面提升，影响并重构营销组织的生产关系，进而形成的新型市场营销产业运行模式。

营销人员要认识到，生成式人工智能作为生产工具的一种驱动力量，已经使整个营销行业产生了本质性的变化。生成式营销，并不只是对营销生产力及生产关系的一次升级，而是类同于"iPhone 时刻"的产业变革。生成式营销与数字营销有着本质上的差异。生成式营销带来的是营销的全新范式。

7.3 生成式营销新范式

生成式营销作为一种新的范式，与数字营销在理论基础、营销对象、沟通方式、协作方式、流程特征、协同角色、竞争模式方面存在差异，具体如表 7-1 所示。

表 7-1 生成式营销与数字营销的对比

对比维度	2023 年以前 数字营销	2023 年以后 生成式营销
理念基础	**计算科学** 以数据、算法为基础	**计算科学 + 认知科学** 技术基础包括数据、算法、算力、生成式人工智能
营销对象	**个性化** 标签识别人群	**个性化** 以"人"为颗粒度的营销行动
沟通方式	**单向 - 被动** 由行动触发，快速响应需求	**互动 - 主动** 人工智能主动参与沟通，发现挖掘需求
协作方式	**人类为主** 数据工具和自动化系统辅助完成任务	**人工智能为主** 人类监督管控任务完成情况
流程特征	**点状赋能** 流程中用工具支持单项任务	**线性任务** 人工智能完成流程中的复杂任务
协同角色	**智能的工具** 基于数据、算法构建的标准工具或系统	**聪明的助手** 可被管理、培训的人工智能助手
竞争模式	**流量竞争** 平台、标签、人群的竞争	**心智竞争** 内容、情绪、沟通和竞争

理论基础差异

生成式营销与数字营销的第一个差异是理论基础不同。数字营销采用的理论主要是以数据、算法为基础的计算科学。这一时期的营销活动依赖大量的用户数据，通过算法来分析和预测用户行为，从而制定个性化的营销策略。计算科学把人的反应看成量化数据，其核心如下。

数据驱动：通过收集和分析用户数据，包括浏览历史、购买行为、社交媒体互动等构建用户画像。

算法优化：利用机器学习算法来优化广告投放、推荐系统和用户细分。

自动化流程：自动化工具和平台被用来提高营销活动（如自动化广告购买、内容分发等）的效率。

生成式营销的理论基础，除了数据、算法外，还包括了算力和以生成式人工智能为代表的认知科学。认识科学主要研究的是人类的认识过程，如感知、记忆、思维和情感。生成式人工智能则利用生成式对抗网络、自然语言处理和其他先进的技术来模拟人的认识能力并创造新的营销内容，如文本、图像和视频。生成式人工智能离不开算力的支持，拥有更强大算力营销人员就可以进行更复杂的数据分析和生成式人工智能模型的训练，从而提高营销活动的精准度和效率。

案例：数字营销和生成式营销的理论基础差异

计算科学支持的数字营销：某电商平台通过收集用户的浏览记录、购买记录、搜索关键词等数据，利用大数据技术对用户进行画像，并预测其未来的购买意向。基于这些预测，平台会向用户推送个性化的商品推荐和优惠券信息，从而提高转化率和用户满意度。

计算科学＋认知科学支持的生成式营销：一家化妆品公司利用生成式人工智能技术，根据用户的肤质、肤色、年龄等信息，自动生成个性化的护肤建议和化妆品推荐，并向用户展示不同产品的使用效果。该公司还利用自然语言处理技术，生成用户对话脚本，通过聊天机器人与用户互动，解答用户的疑问并为用户提供个性化的护肤建议。

营销对象差异

数字营销靠标签识别不同的群体，依赖数据驱动的个性化策略，通过细分市场和用户群体来实现精准营销。这一策略的核心在于先进行用户细分，通过分析用户的行为数据、地理位置等信息，将用户划分为不同的细分市场；再建立标签系统，为每个用户或用户群体打上标签，以便进行更精准的营销活动；最后进行个性化推荐，利用算法为每个用户群体进行个性化的产品推荐。例如，阿里巴巴就是把电商客户细分为八大人群（新锐白领、资深中产、精致妈妈、小镇青年、"Z世代"、都市银发、小镇中老年、都市蓝领）进行营销。

生成式营销则进一步降低了营销对象的颗粒度，从群体营销转向个体化营销，可以支持以"人"为颗粒度的个体化营销行动。这一转变的核心主要基于以下几个方面。

做出个体化识别：不仅仅依赖用户的行为数据，还通过更深入的分析，如分析用户的心理特征、情感状态、生活方式等来识别每个独特的个体。

进一步生成动态内容：利用生成式人工智能技术，根据每个用户的具体需求和偏好，实时生成个性化的内容。

进行深度的个性化互动：通过自然语言处理和机器学习技术，与每个用户进行更自然、更个性化的互动。例如，企业利用生成式人工智能技术构建智能客服系统，根据用户的提问和需求，实时生成个性化的回答和解决方案。

沟通方式差异

数字营销是被动触发、单向式的，主要依赖数据驱动的自动化和个性化策略，其特点如下。

被动触发：数字营销通常基于用户的行为或搜索历史来触发相关的营销信息，如搜索引擎广告、推荐系统等都属于被动触发。

单向传播：信息的传递往往是单向的，即从品牌传递给用户，缺乏实时的互动和反馈。

个性化推送：通过分析用户数据，数字营销能够提供个性化的内容，但这种个性化往往是基于预设的算法和规则的。

而生成式营销除了具有数字营销的特征外，还发展出以下特征。

主动发起：生成式营销能够基于对用户需求的深入洞察，主动发起与用户的沟通和互动。通过自然语言处理和机器学习技术，生成式营销能够实现与用户的实时互动，提供更加个性化和动态的互动体验。

预判需求：生成式营销能够基于大量数据和先进的人工智能技术，预判用户的需求和偏好，甚至发现用户自己都没有意识到的需求并通过人工智能媒介沟通告诉用户。例如，在和用户沟通情感问题，并识别到快到某个节日时，告诉用户应该送给爱人什么样的礼物。

协作方式差异

这种差异不仅改变了营销活动的执行方式，也重新定义了人与技术之间的关系。在数字营销中，人类是决策和执行的中心，营销策略的制定、执行和评估主要由人负责，他们使用数据和工具来支持自己的决策，各种数据工具和自动化系统被用来提高效率，如 DMP 用来进行用户细分，CDP 用来管理用户信息。在执行任务时，由人使用工具来执行具体的营销任务，如程序化广告投放、内容发布等。

生成式营销模式下，采用的是更加自动化和智能化的协作方式，一些任务可以人工智能为主，人工智能系统和智能体在营销活动中扮演更加重要的角色，它们可以独立构建智能体，完成数据收集、数据分析、内容生成、内容投放等一系列指定的工作。营销人员的角色转变为监督者和管理者，他们负责设定目标、监控进度和评估结果，同时对人工智能系统进行管理和优化。人工智能系统和人可以与其他系统和工具无缝协作，实现更加高效和自动化的营销。

流程特征差异

在数字营销时代，各类营销工具赋能参与的是流程中的点状单项任务，例如，DMP 负责标签的识别，CDP 负责提供用户的信息数据，等等。不同工具之间的协调和整合通常需要人介入，以确保数据和流程的一致性。

生成式营销中的工作流程更加连贯和自动化，人工智能可完成工作流程中的线性的、多项的、闭环式的任务。例如，一些媒体平台的人工智能系统可以完成从用户识别到内容生成、内容审核、内容投放等一系列任务，实现端到端的自动化。人工智能平台还可以集成多个功能，减少不同工具和平台之间的切换和协调。人工智能系统能够自动协调不同环节的任务，提高流程的效率和一致性。

协同角色差异

在数字营销时代，工具和平台发挥的是支持作用，基于数据和算法为营销人员提供决策支持，如通过分析用户数据来优化广告投放策略。工具和平台主要作为辅助性角色，帮助营销人员更高效地完成任务，但决策和创新仍然要依赖人的判断和创造力。智能系统通过整合不同的系统平台，如 CRM、DMP、CDP 等来实现数据的整合和流程的自动化。

在生成式营销时代，模型首先能作为营销人员的工作助手，不仅提供数据和算法支持，还能通过深度学习和模式识别来提供智能决策建议，帮助营销人员做出更精准的决策，可以被营销人员管理并培训，完成更复杂的工作。使用石质工具是人类进化中的里程碑，而使用数据和技术工具则是人类进化的新里程碑。人工智能助手更多地参与营销工作，不仅可以提高营销工作的效率和质量，还可以通过机器学习不断学习和适应，提高自身的能力和效率，更好地满足营销人员的需求。

竞争模式差异

在数字营销时代，营销是否成功主要以流量为标准，即平台、数据标签、人群的竞争，一方面，品牌和广告主争夺客流量（注意力和时间），平台的流量大小更是成为衡量其价值的关键指标。另一方面，竞争也体现在数据和标签的丰富度与精确度上，比如广告主是否拥有更全面、更丰富的用户数据和标签，是否能够更精准地定位和细分市场；媒体方是否能满足广告主对目标用户的精准定位需求，提高广告投放的转化率，等等。

在生成式营销时代，竞争模式发生了显著变化，品牌和广告主不仅要争夺用户的注意力，更要争夺用户的心理认同和情感连接，建立品牌与用户间深层次的关系。谁能在技术的助力下生成更好的内容，为用户提供更多情绪价值，与他们建立更智能、个性的沟通，谁就能在营销的竞争中胜出。

在生成式营销时代，竞争的关键是如何占领用户的心智，企业需要通过创造能够触动用户的内容、体验、产品、服务，对用户更深层次的情绪产生影响。

思考与讨论：生成式营销在你的行业中的应用场景

　　生成式营销在企业应用中具有重要战略意义。从理论基础上看，它可助力企业利用先进技术创造、创新营销内容，提升营销精准度。从营销对象上看，它能帮助企业从群体营销转向个体化营销，深度挖掘用户的独特需求。从沟通方式上看，它能使企业与用户的沟通模式从被动、单向转变为主动、互动，发现用户的潜在需求。从协作方式上看，企业可让人工智能承担核心任务，营销人员成为监督管理者，提升营销效率。从流程特征上看，生成式营销可以促使营销工作向连贯自动化改进，减少人工协调成本。从协同角色上看，人工智能助手能提供智能决策建议，协同营销人员工作。从竞争模式上看，各方需从争夺流量转向建立用户心理认同与情感连接。请列出生成式营销在你的行业中的应用场景。

第8章

生产力重构：洞察、创意和媒介能力的狂飙

生成式人工智能在营销领域首先引发关注的关键词是AIGC，许多营销人员为此兴奋，以为终于可以让机器帮助自己完成日常工作了。

但生成式人工智能对营销的影响远不止内容生成这一方面，要理解这一点，必须从营销的生产力是什么开始分析。

大家可以先思考以下问题。

（1）营销人员也是劳动者，那么营销人员的生产力是什么？

（2）有生成式人工智能加持的营销"新质"生产力是什么？

只有对这两个问题有了清晰的认识，才能更准确地把握生成式人工智能对营销的本质影响。

8.1　营销的生产力是什么

生产力是经济学领域的概念，由经济学家亚当·斯密（Adam Smith）在其经典著作《国富论》中提出。斯密在此著作中强调了劳动分工和专业化对生产力的重要影响，并认为通过劳动分工和自由市场经济的发展，生产力水平可以得到提高。

任何行业的生产力都包括一些不同维度的基础能力，这些基础能力有了提升，就意味着行业整体的生产力得到了提升。医疗行业的基础能力包括医生对疾病的诊断能力，医疗机构的治疗能力，以及医疗机构对患者就医流程、秩序及环境的管理能力；教育行业的基础能力包括老师的教学能力、机构的科研能力，以及学校对学生的管理能力；等等。

市场营销行业中，我们可以把营销生产力理解为企业在特定时间内创造出的营销活动的数量和质量。例如，同一时期，同一市场中的两个竞争企业，利用相同的营销投资，A 企业一个月内可以完成 10 次营销活动，这些营销活动都获得了较好的效果（比如用户对品牌的认知度提升了 10%，产品销量提升了 3%）；B 企业一个月内只能完成 8 次营销活动，并且这些活动获得的营销效果不如 A 企业（比如用户对品牌的认知度只提升了 5%，产品销量只上升了 1%）。那么显然，A 企业的营销生产力领先于 B 企业的营销生产力。

作为营销人员，我们都希望拥有更高的营销生产力水平，在有限的条件下，创造出更多数量、更好质量的营销活动。要实现这一目标，必须提升营销的基础能力。营销生产力的基础能力包括什么呢？经过研究总结，我们发现，无论从个人角度（营销人员应具备的能力）来看还是从企业角度（市场营销部门应拥有的能力）来看，有3种能力是最为重要的，即洞察能力、创意能力、媒介能力。这3种基础能力构成了营销生产力。

洞察能力

洞察能力是指人类通过观察和理解事物以获取深层次信息并产生新认知的能力。它涵盖了对环境、事件、问题的深度理解，以及创新的解决方案的不断提出。从本质上讲，洞察是一种对现象、事物更深层次的理解和认知，涉及信息的深度处理和创新性思考。

营销洞察是指营销人员通过对数据、信息等的分析，最终获得制定营销策略或实施营销活动所需要的分析结果。这个结果既可以是一份研究报告、一条信息，也可以是一个确认的能指导下一步营销动作的结论。

洞察的效率取决于营销数据的数量、质量，洞察分析的模型，以及洞察人员的分析能力和数据处理能力。

我们以常见的消费者洞察为例，来阐述营销洞察能力是如何运作的。一般来说，消费者洞察是企业对消费者的动机、行为模式、需求和情感的深刻理解，它帮助企业在营销中更有效地满足消费者需求、提高产品和服务的竞争力。企业的消费者洞察包括需求理解、趋势预测、痛点挖掘、情感连接等工作。

需求理解：通过消费者的行为和反馈，理解他们的真实需求，甚至是潜在需求。

趋势预测：通过对市场和消费者的观察，预测未来的消费趋势。

痛点挖掘：识别消费者在使用产品或服务时遇到的困难或产生的不满。

情感连接：了解消费者的情感和价值观，以建立品牌与消费者的深层次关系。

企业如何通过消费者洞察来支持营销工作呢？我们来看一个案例。

某国际咖啡连锁品牌在拓展新市场时，发现销量未达到预期。市场营销总监决定对消费者进行深度洞察，以提升品牌在该市场的表现。

首先，通过详细的市场调研，该品牌发现当地的消费者偏好浓郁风味的咖啡，这与该品牌原先提供的轻咖啡风味不同。此外，该地区的消费者对线下社交尤为重视，他们喜欢在舒适的环境中与朋友共度休闲时光，而该品牌原来的店面很小，大部分消费者为购买后打包带走饮用。

基于这些洞察，该品牌进行了一系列调整：开发了适合当地口味的浓郁风味的咖啡产品；重新设计店面布局，提供更多舒适的座位和温馨的装饰，以促进社交性消费；举办咖啡品鉴和文化交流活动，吸引更多消费者参与。最终，这些措施显著提高了该品牌在当地的销量。

这一案例展示了通过对消费者行为、文化和情感的深入理解，品牌如何调整策略以更好地满足市场需求，从而取得商业成功。

创意能力

创意能力在市场营销行业，一般是指设计、制作营销内容的能力，如构思广告创意的能力、撰写文案的能力。它是人类创造力在市场营销业务中的体现。

人类的创造力是指能够孕育新思想、发现和创造新事物的能力，实证研究揭示出创造力的独特性、新颖性、与环境的交互作用等一系列特征。创造力是产生新颖且合适的产品和工作成果的能力（吕巴尔等，2004；斯腾伯格，2006），是系统内部个体、领域、范围等因素相互作用的结果。

在营销业务中，创意能力至关重要。这主要体现在大量内容的创造上，包括文字、图片、视频、音频、网站等的创造。在此过程中，创造的时间、数量、质量，决定了创意的生产效率，企业都希望在最短的时间内，创造更多数量、更高质量的内容，而当前企业的创意能力主要决定于创意人员的水平和经验。

在人工智能没有普及时，营销创意具有一定的门槛，除了依赖创意人员的经验和水平，还要通过一些专业图形处理工具、视频制作工具等来完成。

除了内容创造，营销活动中还有大量需要创意能力的工作，如品牌定位、活动策划、新产品设计等。

媒介能力

现代的市场营销活动绝大多数都是通过媒介来完成的。媒介的沟通能力是营销生产力的重要构成，营销生产力中的媒介能力指媒介渠道中用于投放或沟通的平台和工具，既包括由媒体方或其他第三方提供的流量投放平台，也包括企业自建的私域系统等。媒介渠道包括手机、计算机、电视、社交媒体、搜索引擎、电商、线下等各种用于营销传播的平台。

媒介能力是指企业营销团队的媒介人员，通过媒介渠道针对消费者开展营销活动（如广告投放、内容推送、服务反馈等）的能力。媒介能力在数字营销时代主要由平台的数据能力、计算能力、标签水平等决定。例如，A是一个社交媒体平台，拥有海量的用户数据和强大的算力。B是经营健身器材的广告主企业。B可以借助A的媒介能力，更准确地了解目标受众的兴趣、需求和行为习惯，通过数据分析和定向广告等手段将信息精准地传达给潜在的目标受众。比如，将健身器材广告仅展示给对健身内容有兴趣的用户，以提高广告的针对性和有效性。这种媒介能力可以帮助企业更好地与目标受众建立联系，提高目标受众对品牌的认知度和扩大企业的市场影响力。

生成式人工智能的发展对于营销生产力的意义巨大，带来了生产力的大爆发，让洞察、创意、媒介效率突破了现有的发展瓶颈，如图8-1所示。

在洞察方面，生成式人工智能可以大大缩减研究人员常规性的案例研究、数据整理与分析、一般性洞察挖掘的时间。

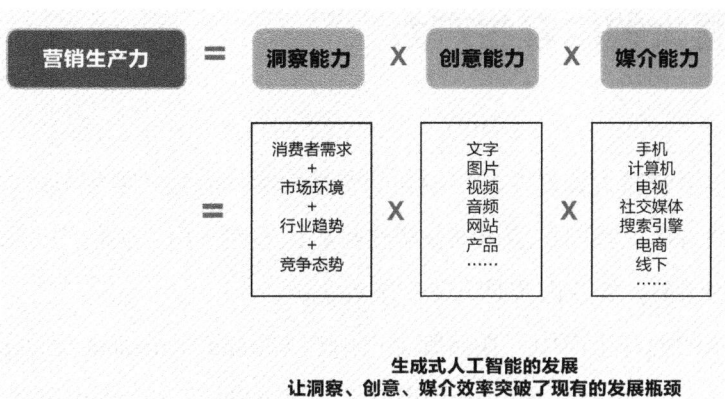

图 8-1 营销生产力大爆发

一个优秀的分析师要撰写一份月度行业营销竞争情况报告，以前要进行大量的案头研究，寻找重要品牌的重大营销活动信息，还要进行数据分析。然而，现在借助生成式人工智能，分析师可以在几分钟内读完海量的社交媒体营销数据和内容，总结出不同品牌的营销活动的规律和特点；可以将已有的数据提供给生成式人工智能，趋势、竞品对比、平台分布等常见维度的分析结果就可以在几分钟内产出。在生成式人工智能的帮助下，以前需要花费数天撰写的报告，现在只需要几小时就可以完成。

在创意方面，有业内人士宣称，一个专业的创意人员，如美工，用好生成式人工智能，可以完成以前 10 倍的工作量。一个非专业的创意人员借助生成式人工智能，也可以为营销活动、会议、社交媒体账号内容制作引人入胜的海报和视频，大幅提升业务效率。

在媒介沟通能力上，生成式人工智能可以替代人，实现无处不在、无时不在的沟通。比如在直播领域，没有这项技术时，一个主播只能照看 1 ~ 2 个账号，每个账号一天最多播 7 ~ 8 小时，就已经达到了人力的极限，但现在有了生成式人工智能的助力，一个人可以连续照看 20 个账号，每个账号可持续利用数字人，进行 24 小时不间断的直播。

8.2 强大的内容生产力

相信很多营销人员都在其接触到的营销文案、海报、视频等内容中看到了人工智能的身影，我们已经很难分辨出哪些内容完全由人类创作，哪些内容有人工智能的参与，哪些内容是人工智能独创的。

在传统的创意生产中，在品牌生产内容（Brand Generated Content，BGC）的模式下，一次内容生产需要几周到几个月的时间，往往由创意代理公司（Agency）的创意人员产出大创意（Big Idea），再花费 70% 的时间进行案头工作，20% 的时间进行头脑风暴，10% 的时间完成稿件。

在专业用户生产内容（Professionally-User Generated Content，PUGC）的模式下，需要几天到几周的时间，关键意见领袖（Key Opinion Leader，KOL）和关键意见消费者（Key Opinion Consumer，KOC）等创作者众筹式生成大量内容，且内容质量参差不齐，需要品牌方和代理公司投入大量的人力进行管理和审查。

而在依赖生成式人工智能的 AIGC 模式下，只需要几分钟到几小时就能生成内容，这极大地提升了内容产出效率，能帮品牌实现内容生产的高质、海量，满足不同消费者的需求，从而更有效地促进转化。

案例：大学生使用生成式人工智能创造内容

2024 年奥运会期间，秒针系统与华东某大学 70 多名学生共同实践了由生成式人工智能助力的营销活动。这次活动共设置了 1 个主线任务和 1 个支线任务：主线任务以奥运为主题，可根据任意人设（如体育赛事专家、体育运动达人、营销专家）进行内容发布；支线任务以某运动品牌所赞助的运动员的相关内容为主要素材。内容发布持续 20 天，每周每名学生在小红书和抖音上至少各发 2 次内容，形式不限。

发帖任务（主线任务＋支线任务）

主线任务如下。

发帖时间：7 月 26 日—8 月 14 日

发帖平台：小红书或抖音，形式不限

发帖内容：奥运主题，可根据任意一种人设进行内容发布

必带话题标签：#AI 拼才会赢

可选分人设话题标签：#GenZ 奥运情报局（体育赛事专家组）、# 奥运会"在逃"运动员（体育运动达人组）、# 秒看奥运（营销专家组）

支线任务如下。

发帖平台：小红书或抖音，形式不限

发帖内容：发布品牌所赞助运动员的比赛素材，文中自然提及品牌信息，可以视频露出或评论区提及（无须带相关品牌话题标签）

必带话题标签：#AI 拼才会赢

可选分人设话题标签：#GenZ 奥运情报局（体育赛事专家组）、# 奥运会在逃运动员（体育运动达人组）、# 秒看奥运（营销专家组）

　　学生通过使用秒针系统提供的人工智能创造工具帮助进行内容创作和发布，发帖结束后对这次营销活动的效果进行汇总，70 多名学生共发帖 1200 多条，总互动量 23 万，爆帖 188 条，爆帖率达 15%，同时小红书单帖最高互动量超过 7 万，抖音单帖最高互动量超过 6000。

　　可见人工智能工具既可以赋能专业人员，也可以赋能普通人，从而提升营销产业的整体创造力。

8.3 深度洞察

营销行业的洞察一般是指市场研究公司或企业洞察部门基于调研和数据采集模式所开展的市场研究工作，即先进行一定的假设，帮助市场研究部门快速总结趋势、提出观点、启发研究、策划方向，然后进行数据的收集，通过对特定对象的定性、定量研究，对市场多方客观数据进行采集、验证假设，最终产出洞察，将复杂的数据分析结果形成营销人员可读的报告，用大量的图表分析数据，给营销人员以指导。这种洞察速度慢，效率低，成本高。

生成式人工智能参与营销洞察，以市场客观存在的海量数据为基础，这些数据既包括外部公开数据（如社交媒体数据、网络数据），又包括企业一手的或采买的数据（如行业销量数据、竞争数据）。在这些客观的数据基础之上，企业数据收集的环节在生成式营销时代与从前相比有了本质的变化。一方面，生成式人工智能可以自动生成问卷，可以开展对话式人工智能访谈，用新型的调研方式采集客户数据。另一方面，人工智能可以结合并处理分析更多元的数据（除了传统的表格数据，还可以把图片、视频、音频等多模态信息转换成数据）。除了数据采集、数据处理，在最终产出洞察上，人工智能可以大量、高速地分析非结构化数据（量化分析），自动将复杂数据分析过程可视化为图表和图形进行输出，大大节省人力资源。

那么当前人工智能的洞察能力达到什么水平了呢？人工智能真的能识别营销中消费者表达的信息吗？我们可以通过一个例子来看人工智能是否具有洞察人类情绪的能力。

在这个案例中，我们希望人工智能对不同场景下人的情绪做出分析。结果显示，人工智能能分辨出人的具有细微差别的情绪并给出洞察结论。

案例：生成式人工智能的洞察能力

提示词：

小明很久很久没见妈妈了，他非常想妈妈，今天他看到了妈妈，他哭了。

小明很久很久没见到妈妈了，他非常想妈妈，今天他看到了妈妈的照片，他哭了。

以上两种场景中，小明为什么会哭泣，他的情绪是什么？两种场景中的情绪有什么不同？

AI回答（ChatGPT 2024年9月）

在以上两种场景中，小明哭泣的原因是他非常想念妈妈。然而，两种情景中，他的情绪有着细微差别。

在第一种场景中，小明很久很久没见妈妈了，当他终于看到妈妈时，他哭了。这种情况下，小明可能表现出喜悦、兴奋的情绪或者各种积压情绪的一次性释放。他长时间与妈妈分离，思念之情积聚，当他看到妈妈时，他的情绪爆发出来，他以哭泣的方式表达内心的喜悦和宣泄情感。

而在第二种场景中，小明很久很久没见到妈妈了，他看到了妈妈的照片，他哭了。这种情况下，小明的情绪可能是思念、惋惜和悲伤。尽管他没有亲眼见到妈妈，但妈妈的照片唤起了他对妈妈的思念，他的情感无法抑制，他以哭泣的方式表达内心的悲伤和思念。

综上所述，虽然两种场景中小明的情绪都是由对妈妈的思念引起的，但第一种场景中的情绪更多地表现为喜悦和兴奋，而第二种场景中的情绪更多地表现为惋惜和悲伤。这是两种情景中小明的亲身经历和情感触发方式的不同导致的。

总体来说，人工智能的洞察与人类的洞察相比，更敏捷、更高效、更智能化，成本更低、速度更快。

人工智能洞察可以支持在客户服务环节实现更好的反馈。借助人工智能，客服人员接收到客户的问题时，不但能知道表面的原因，还能挖掘出背后的潜在原因。比如 Salesforce 公司推出的 Service GPT 便能够理解客户的查询意图，并从各种知识来源中筛选信息，自动生成回复。这样，客服人员可以更快地响应客户，同时确保回复的准确性和个性化。此外，Zendesk 公司的扩展代理回复工具利用人工智能能辅助客服人员在打字时自动完成回复。客服人员只需输入回复的基本内容，系统就会为他们填充细节，从而节省时间并提高效率。

人工智能洞察还可以在培训和赋能销售人员中发挥作用。例如，一些销量助手和智能工牌的人工智能工具，可以录下销售人员与客户沟通的语音，在销售培训、事后复盘和产品推荐的时候起指导作用。如提供现代企业统一客户体验管理平台的 Sprinklr 公司，其通话笔记自动化服务工具可以在客服人员与客户通话时自动记下关键信息，帮助客服人员专注于客户所说的内容。这样，客服人员可以在起草回复时参考这些重要信息，而不是依赖无结构的冗长的文字记录。

8.4 创新的沟通媒介

生成式人工智能开创了基于自然语言的新交互方式，可为消费者提供个性化、一对一的服务。

一对一的沟通成为可能

以往的媒介沟通采用的是一对多模式，现在可以实现真正的一对一。针对不同的受众，生成式人工智能可以生成并展示不同的广告内容。此外，针对大规模的一对多客户服务和运营等场景，以前依赖固定模板和客服人员的系统使用能力，现在的生成式人工智能助手可以帮助客服人员预生成符合个体场景和个体客户需求的大量的个性化内容，大大提升了效率。

客户体验的升级

过去，媒介沟通中的客户体验主要来源于客户与智能客服机器人的交互，但这种依赖原有规则的智能客服机器人只能解决预设问题，也只能在有限的风格下进行互动，因此，客户体验并不理想，仍需要大量的客服人员参与才能为客户提供较好的体验。应用生成式人工智能之后，可解决非预设的问题，还能生成不同风格的对话内容，其灵活的语言风格更贴近客服人员。

在媒介的触点沟通上，生成式人工智能实现了范围更广、随时随地、个性化、一对一的高效沟通。

案例：个性化沟通提升客户体验

在生成式营销时代的媒介沟通中，一对多的场景会越来越多，人工智能在企业对客户的社群服务、私域运营中的应用会越来越多。线上线下美妆品牌屈臣氏拥有大量的美丽顾问（Beauty Adviser，BA），也依赖这些BA在线下场景中与消费者良好的服务关系，建立了大量线上的私域社群。然而，只靠BA运营这些社群，维护与这些消费者的关系是非常困难的，而在人工智能的助力下，每个BA可以管理几百个社群，维系数千甚至上万名消费者，并且能为其提供个性化的服务。

零售企业家乐福推出了一款名为Hopla的聊天机器人，它能够根据顾客的预算、饮食偏好和烹饪创意来推荐产品。这款聊天机器人不仅能帮助顾客制订膳食计划，还能提供减少食物浪费的方案，支持环保可持续。它能与零售商的网站无缝连接，这顾客提供便捷的购物体验。

人工智能加持的数字人、智能客服、智能助手等，在媒介的服务、直播、互动等场景下发挥着越来越大的作用。

思考与讨论：你的核心生产力是什么？如何用生成式营销思维来提高你的核心生产力？

　　每一个人都是劳动者和生产者。你的核心生产力是什么？在过去的几年里，你是否通过生成式营销思维提高了你的核心生产力？

第 9 章

战略重构：制定营销战略的新支点

生成式人工智能已经贯穿营销的所有的工作流程与工作场景。

正如前文所述，生成式人工智能已经在具体的营销流程中得到广泛应用，并大幅度提高了广告投放、社媒营销、内容营销、电商管理、用户管理、创新管理等的效率。然而，生成式人工智能的潜力没有被完全挖掘，生成式人工智能还可以参与企业的战略制定，可以提供更加稳定和具有创造力的洞察与战略选择。

与之前的营销技术有一个很大的不同，生成式人工智能的适用范围是广泛的。生成式人工智能的一个重要的应用领域是赋能员工，打造超级员工团队。同时，生成式营销是企业的长期资产建设内容，可让企业能够持续积累差异化的竞争优势。

9.1 生成式营销战略蓝图

生成式营销是由生成式人工智能的发展驱动的新营销模式，因此，生成式人工智能如何应用，在什么场景下应用，对企业进行生成式营销尤其重要。经过研究，我们将生成式营销在企业内的应用点绘制成了应用全景图，共四大板块，如图 9-1 所示。

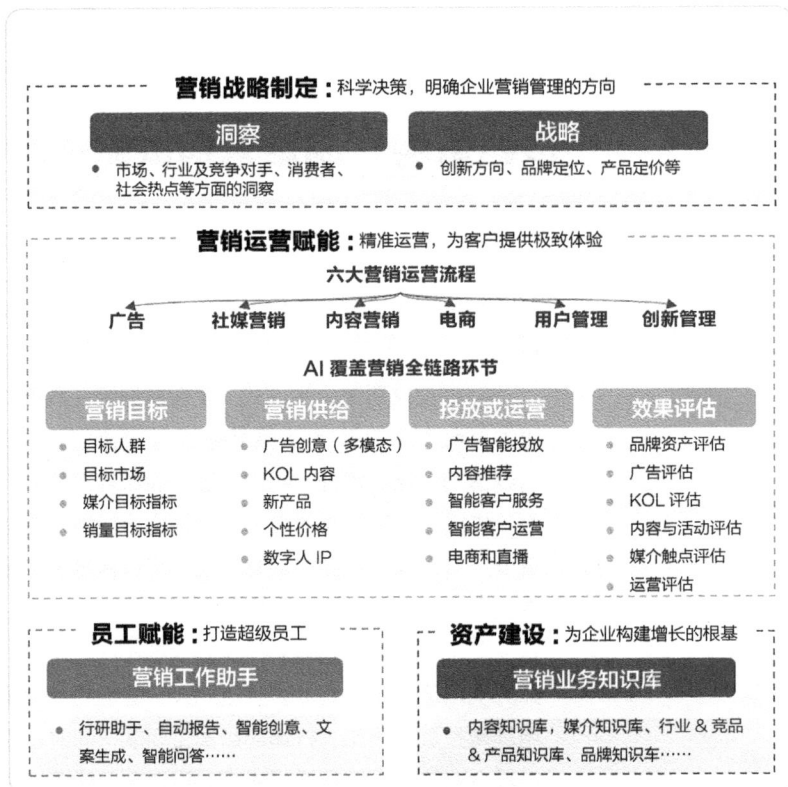

图 9-1 生成式营销在企业内的应用全景图

板块一：营销战略制定，其目标是基于科学的决策，明确企业营销的管理方向。本板块包括洞察与战略两部分内容。

板块二：营销运营赋能，使营销业务可以精准运营，为客户提供极致体验。本板块内容涉及六大营销运营流程。

板块三：员工赋能，打造超级员工。本板块中生成式人工智能的核心应用场景是营销工作助手。

板块四：资产建设，在业务发展之外，累积数据和知识资产，为企业构建增长的根基。本板块中生成式人工智能的核心应用场景是营销业务知识库。

企业营销战略制定离不开市场洞察，管理层需要在洞察的基础上，找到多个可能的战略方向，从而制定出最适合本企业的战略。

通常来说，支持战略制定的洞察包括对消费者的洞察、对行业或竞争对手的洞察、对社会热点及文化趋势的洞察、对营销环境和媒介生态的洞察等。传统的洞察一般依赖人力进行案头研究，以及定性、定量的调研方式来完成，成本高、周期长，获得的研究成果的信息颗粒度也较粗。

在生成式营销的新模式下，企业借助人工智能的力量进行洞察，可以极大地提升决策的科学性和效率，更精准地指导营销战略的制定。

生成式人工智能具有战略制定能力和评估能力

谈到生成式人工智能指导战略的制定，人们可能会有这样的疑问：生成式人工智能真的可以对特定的战略进行评估吗？

答案是肯定的，而且它不仅能输出结果，还能从多种维度分析原因。生成式人工智能的评估能力已经在学术界得到了可靠的验证。

2023 年，在《哈佛商业评论》上发表的一篇文章中，ChatGPT 被用于对商品保质期营销方案进行评估。在这个案例中，人工智能不仅仅会分析基本的利弊，还能从新颖性、可行性、特异性、影响力和可操作性等多个方面进行详细的分析，帮助人类做出正确的决策。

案例：人工智能对营销方案的评估

方案 1：一款能够根据商品存储环境的各类数据指标动态显示保质期的包装。

人工智能对方案 1 的评估结果如下。

新奇：有点新奇。人们一直在努力开发可以延长食品保质期的智能包装，但动态显示保质期是一个新兴概念。

可行性：实施起来可能具有挑战性，因为它需要开发新的包装材料和技术。它还需要与食品制造商、监管机构和分销商合作。

意义：它通过为消费者提供更准确的食品保质期来解决食物浪费问题。

具体目标：可能对减少食物浪费和改善食品安全产生重大影响。当提供更准确的保质期时，消费者更有可能在食物变质之前食用他们的食物。

可操作性：它很可能需要大量的资源和专门知识，并且可能需要几年时间才能充分发挥其潜力。

方案 2：设计一款 App，让用户在上面捐赠多余的食物。

人工智能对方案 2 的评估结果如下。

新奇：不是特别新奇。已经有许多计划和组织致力于减少食物浪费并将剩余食物捐赠给有需要的人。

可行性：高度可行。有许多既定的模式和基础设施来支持食品捐赠工作。

意义：减少食物浪费和解决粮食安全问题。

具体目标：有可能产生重大影响，将剩余食物重新分配给有需要的人，可以帮助减少食物浪费，同时缓解弱势群体的粮食安全问题。

可操作性：高度可行，因为它可以用相对较低的成本快速实施。需要与食品制造商、分销商和食品银行以及志愿者建立合作关系，以收集和分发人们捐赠的食物。

方案3：开展知识普及活动，让消费者了解保质期和新鲜度与健康之间的联系。

人工智能对方案3的评估结果如下。

新奇：不是特别新奇。人们一直在努力让消费者了解保质期的含义以及如何正确储存食品以延长其保质期。

可行性：高度可行。它可以通过各种方式实施，例如举办提升公众认识的活动、分发相关知识普及的材料和通过媒体进行宣传。

意义：让消费者了解不同食物的保质期以及如何正确储存食物以减少食物浪费。

具体目标：潜在意义重大。让消费者了解不同食物的保质期以及如何正确储存食物，能促使他们避免造成食物浪费。

可操作性：可操作性强，可以以相对较低的成本实施。这需要与食品行业团体、政府机构和其他组织合作，以开发和分发教育材料。

生成式人工智能可以凭借其洞察能力、推理能力帮助人类更好地制定战略，具体如何实现呢？比如在对客户的战略制定中，生成式人工智能可以预先整合客户的基本信息、购买历史、社交媒体行为等多维度数据，自动构建详细的客户画像，对客户进行非常细致的分类，帮助企业更深入、更细致地了解目标客户的需求和偏好。通过多模态分析技术，生成式人工智能可以分析客户在互联网上的评论、反馈等文本信息，识别出客户的情感倾向（如正面、负面或中立）。这有助于企业及时了解客户的不满和期望，进而优化产品、服务或营销内容。

9.2　生成式营销应用趋势

在生成式营销模式下，企业借助人工智能的力量可以更好地完成营销业务，从而提升营销效率、营销效果和客户体验。随着生成式营销的普及，中国企业在应用生成式营销方面呈现出以下趋势。

趋势一：从尝鲜试水到常态使用。2023年是生成式营销应用元年，之后，生成式营销成为一种常态营销方式。如可口可乐、美的等知名品牌的生成式营销已融入其日常的工作流程，它们都推出了大量高品质的AIGC广告。

趋势二：从图文到多模态。生成式营销的内容正在从早期的以图文为主（主要是海报、平面广告创意或文案撰写）发展为多模态，表现为视频广告、短视频制作快速发展，以及音频方面的尝试、数字人应用的普及。

趋势三：从单点到全流程。生成式人工智能应用正在从解决营销的单点问题发展至覆盖整个营销流程的管理。例如，从仅使用生成式人工智能进行广告内容生产发展至生成式人工智能贯穿从内容洞察、内容生产、内容审核、内容投放到内容分发的全流程。许多平台也针对广告主推出了流程性的服务工具和解决方案。

趋势四：从业务提效到组织赋能。在起步阶段，生成式人工智能在企业营销业务层面的主要目标是降本增效。现在，越来越多的企业把生成式人工智能应用于企业战略层，致力于赋能组织，包括赋能员工、改造流程和组织结构、参与战略制定等。

9.3　一岗多能的超级员工

生成式人工智能在营销部门的应用正在彻底改变营销人员的工作方式，通过提供智能化、自动化的工具，极大地提升了营销工作人员的效率和效果，甚至打造出了1人当10人的超级员工。

人工智能一方面，凭借其在内容创作与个性化营销、数据分析和智能洞察等方面的能力，大大减轻了营销人员在常规的信息处理、数据分析等方面的负担，从而使他们将更多的精力和时间用于更具创造性的工作。

另一方面，人工智能不需要休息，在一些营销场景中，人工智能已经可以替代人实现7×24小时地工作。

许多企业也以不同方式引入人工智能，升级培训方式，提升员工能力，打造自己的超级团队。

案例：蒙牛 2024 年"一人奥运"营销

蒙牛是奥运的合作伙伴，每次在奥运营销方面都要投入大量的人力，但在2024年巴黎奥运会期间，由于人工智能的赋能，蒙牛打破了原有模式，实现了全员参与的"一人奥运"模式。

蒙牛在人工智能热点创意助手的帮助下形成"1人新闻社"：仅用1名员工来运营自有媒体。员工使用AIGC工具，通过海量实时社交媒体处理和分析，基于热点产出不同应用方向的可直接用于社媒传播的文字内容、多模态内容（图像／海报图）。

终端门店使用AI活动助手，实现1人赋能500万个门店，并且是千店千面的个性化活动赋能：员工利用大小模型，为门店提供活动方案、物料、营销文案等全方位的支持，实现终端门店活动的个性化生成。

人工智能升级后的奥运会务流程助手帮助蒙牛工作人员接待全球贵宾：人工智能智能体（AI Agent）能够助力解决语言、信息同步和任务调度问题，提供部分培训及上岗考试，帮助工作人员智能搜索信息和解答常见问题，实现1人赋能1000人。

思考与讨论：企业的核心资产是什么？

如果每个员工都是超级个体，如果每个消费者都使用人工智能来辅助决策，那么企业和企业之间的差异是什么？企业应该有其独特的核心资产。早期营销中，企业的核心资产主要是品牌。未来，企业的核心资产主要是内部要素，如数据资产、知识资产、模型资产等。企业要让每个员工在企业自有的模型下工作时取得更多效率和效果上的优势，将每次营销的实施都累积为内部资产。

第 **10** 章

生态重构：营销供给侧和需求侧的再平衡

生成式人工智能对社会各个方面产生了重要影响。营销的发展与生态的变化息息相关，营销的技术底座正在从互联网和大数据向生成式人工智能转变。

营销人员致力于生产更多的内容，提供更好的服务。但客户也在用人工智能，会变得越来越挑剔。

营销的供给侧也发生了显著的变化，数据、模型、智能体将成为新的供给。

员工作为营销工作的执行者，也被深度卷入，企业对于员工能力的要求及支持的方式都会有巨大的改变。会使用人工智能将是员工的巨大优势。

营销的组织方式必然发生变化，企业内部的组织、企业间的合作方式都需要重构，整体将更趋向于扁平化，更注重人智协作。

10.1 客户永远挑剔

人工智能进入营销领域，会全方位改变企业的客户（或消费者）。这种改变源于客户更多地借助人工智能进行决策，他们获得信息的方式被改变，他们变得更挑剔，只关注与自己相关的内容，而不喜欢大众化信息。

客户更多地外包记忆和决策

客户会对人工智能工具提出自己的个性化需求，在消费信息的获取上实现了信息的平权化。

当客户学会使用人工智能工具后，人工智能就填平了客户营销决策中的"信息鸿沟"，使客户能更高效地处理营销信息。过去，客户购买产品之前，需要花费时间和精力去研究产品、供应商、价格等信息，整个决策过程可能需要 3~5 天。而如今，在人工智能的助力下，客户不再需要亲自记住每一个品牌、每一款产品或是每一次促销活动的相关信息。客户只需向人工智能提出具体需求（例如，询问"有什么产品或服务是适合我的？"），即可快速得到解决方案，从而大幅提升决策效率。这种"信息鸿沟"的填平可能会影响未来的商业模式。

在传统营销时代，早期品牌了解客户需求的方法是进行市场调研。到了数字营销时代，品牌可以通过客户的搜索、点击、收藏等线上行为。猜测客户的需求。在未来的生成式营销时代，品牌将通过客户与各种触点或媒介上的人工智能工具持续交互，以"人智交互，问答生成"模式代替简单的信息推荐或搜索推荐，在问答中"生成"或"发现"客户的需求，甚至激发客户自己都不知道的需求。图 10-1 展示了一个客户与生成式人工智能交互的典型场景，在交互过程中，生成式人工智能为客户生成了多种消费需求。

案例：客户使用生成式人工智能制订旅游及消费计划

AI 工具：Kimi（2024 年 9 月）

我是一家北京文化公司的职员，公司安排我在 10 月 11 日去苏州出差，住在南园宾馆。我在 11 日完成出差的工作任务后，计划在 12 日休假一天，在苏州简单旅游一下，并于 13 日回北京。请给我一个单人旅游计划，同时推荐一些适合我带回北京送给妻子和读小学五年级的女儿的礼物。

当然可以，为您精简后的苏州一日游计划如下。

上午
- 8:00 起床，享受酒店早餐。
- 9:00 出发前往拙政园，游览中国四大名园之一，感受古典园林的魅力。
- 11:00 参观苏州博物馆，欣赏贝聿铭大师设计的建筑，了解苏州的历史文化。

中午
- 12:00 在苏州博物馆附近的松鹤楼享用午餐，推荐品尝松鼠鳜鱼和清熘虾仁。

下午
- 14:00 回到酒店休息，或者在酒店附近的南园公园散步，享受悠闲的下午时光。

晚上
- 18:00 在酒店附近选择一家口碑好的餐厅用餐，推荐尝试苏州的奥灶面。
- 19:30 选择在酒店休息，或者在南园宾馆附近的古城区散步，欣赏苏州古城的夜景。

礼物建议
- 给妻子：可以选择购买苏绣手帕或者苏州文人扇，这些小物件既能体现苏州的文化特色，又方便携带。
- 给女儿：可以考虑购买苏州博物馆的文创产品，如文房四宝套装，或者有趣的传统玩具，如九连环、鲁班锁等。

预算明细
- 餐饮：早餐在酒店吃，午餐约 100 元，晚餐约 50 元，
- 交通：苏州地铁和公交车，一天约 20 元。
- 景点门票：拙政园 90 元，苏州博物馆免费但需预约。

总计预算：约 260 元。

这样的行程安排较为轻松，您可以有更多的时间休息和享受在苏州的悠闲时光。

图 10-1　客户与生成式人工智能交互的典型场景

客户更挑剔，只选择与自己相关的内容

随着信息推送越来越精准，客户逐渐习惯了接收高度定制化的信息。他们不再满足于泛泛而谈的广告宣传，而是期望看到能够直接满足他们当前需求的内容。比如，一位热衷于健身的客户，在社交媒体上可能只会关注那些提供健康饮食建议、健身教程或运动装备评测的账号。如果品牌能够利用人工智能分析出这类客户的偏好，并有针对性地提供有价值的内容，就能有效吸引并留住他们。反之，如果品牌推送的信息缺乏相关性或创新性，客户很可能会迅速失去兴趣，转而寻找更加符合个人需求的信息源。

电商平台通过人工智能分析客户的浏览历史和购买行为，自动向客户推送其可能感兴趣的商品，可极大地减轻客户在海量商品中筛选的负担。但这让客户在享受便利的同时，也对营销信息的精准程度和个性化程度提出了更高的要求。如果电商平台推送的内容不能满足客户的需求或推送过于频繁，反而可能引起客户反感。

体验至上

技术的应用不仅改变了营销信息的传递方式，也极大地提升了客户对于消费体验的期待。如今，客户能获得定制化的产品、更加智能的服务。从在线购物的智能客服、虚拟试衣间，到线下零售的无人收银、智能导航等，人工智能正以前所未有的方式优化客户的购物体验。以某连锁咖啡店为例，该咖啡店全面引入了人工智能点餐系统，客户只需提前通过手机 App 下单，即可享受高效的取餐体验，大大缩短等待时间。这种以客户为中心，利用人工智能技术提升服务效率和质量的做法，赢得了广泛好评。相反，那些忽视客户体验，仅仅依赖传统营销手段的品牌可能会在激烈的市场竞争中逐渐失去竞争力。

对于客户来说，人工智能使高效的个性化价值交付得以实现，这种交付可

能是营销折扣内容，也可能是创新的产品。个性化的营销内容更容易推动做出客户购买决策，这是个性化营销的意义所在，定制化的产品更能满足客户对功能和情绪的双重需求，而这在传统营销模式中是不可能同时实现的。人工智能解决了高效率、标准化必须牺牲个性，低效率、个性化必须牺牲规模的矛盾，使高效率的个性化营销、大规模的定制化生产得以实现。用人工智能连接品牌与客户，提升客户的体验和满意度，使客户长期留存。

10.2　新的营销资源

数据、模型、智能体成为新的供给

随着生成式人工智能技术的不断成熟与普及，市场营销生态中的供给模式正在发生根本性的转变。数据作为人工智能技术的基石，其重要性愈发凸显。在人工智能的赋能下，营销产业上下游的信息流通与运作效率得到了显著提升，使得企业能够以前所未有的深度和广度收集、分析并利用数据资源。这不仅帮助企业更精准地把握市场动态与消费者需求，还促进了产业信息的透明化，降低了信息不对称带来的风险。

与此同时，在各类营销场景下，海量的营销数据结合人工智能技术，催生了一系列新的营销专用的垂直应用模型，如基于大数据的智能推荐系统、利用自然语言处理技术的对话式广告、针对社交媒体数据进行实时分析的人工智能洞察模型等。这些在营销领域的模型的创新，不仅在 C 端为客户提供了更加个性化、便捷的体验，也在 B 端为品牌主带来了全新的流量红利和营销机会。通过特定的人工智能模型对营销数据进行深度挖掘与分析，企业能够精准定位目标受众，实现个性化内容的精准和实时触达，大大提高营销效率。

此外，营销智能体的出现更是为市场营销注入了新的活力。智能客服、虚拟助手、数字人等智能体不仅能够提供 7×24 小时的在线服务，还能根据消费者的行为和偏好进行智能推荐，极大地提升消费者的体验和满意度。这些智能体作为新的供给，正在逐步改变市场营销的交互方式和互动逻辑，推动行业向更加智能化、人性化的方向发展。

虽然我们现在还不能明确地描述媒介生态中还会出现哪些未知的人工智能化的新型平台、新广告形式，会带来什么样的新营销机会，但正如智能手机的出现极大地丰富了营销资源，催产了社交分享平台、直播、短视频等新形式，当人工智能广泛融入消费者的生活后，人工智能主导的广告触点和媒介资源也会随之产生。

新产业生态必然会带来新的营销供给。我们可以大胆想象一下，在新产业生态中，会有哪些新的服务商、新的供给内容、新的营销产品？

思考与讨论：生成式营销新生态下的新营销供给服务与产品

AI 营销模型服务公司：随着 AI 技术的发展，将出现专注于生产和优化 AI 在营销领域的垂直应用模型的公司。这些公司将提供定制化的 AI 解决方案，帮助企业更好地理解市场趋势和消费者行为，从而提升营销效率和效果。这类公司的产品可能会是营销 AI 洞察模型、营销文案 AI 模型。

AI 培训师：AI 培训师可能成为营销部门的一种新型岗位，他们负责训练和优化 AI 模型，使其更好地服务于营销活动。他们将帮助企业利用 AI 技术提升营销策略的精准度和个性化水平。

AI 广告平台：AI 技术将使广告内容生成更加智能化和个性化。如今，市场上出现了一些专业的独立于各媒体的 AI 广告平台。在这些平台中，企业或个人输入自己的广告需求，AI 可以自动设计并生成广告文案、设计广告图像、制作视频广告，并在客户要求的平台中进行投放。这些平台向使用者（企业或个人）收取费用。

　　AI内容平台：AI技术背景下，AI综艺、AI短剧、AI电影可能成为一种新的内容门类，并形成新的供给方和平台。营销生态中的各方等可以在这类平台上进行投资、制作、交易新型的AI内容，并获得合规性的审批。

　　新AI广告形式及资源：AI技术可以创建新的广告触点，例如通过语音助手、智能家居设备等新型媒介，实现与客户的互动和沟通，提供更加个性化和场景化的体验，并推动广告形式的创新，例如通过增强现实（Augmented Reality，AR）和虚拟现实（Virtual Reality，VR）技术，为客户创造新的、沉浸式的体验。

营销技术的强细分分工模式消失，整合成为趋势

　　得益于人工智能对营销生产力的巨大提升，营销生态实现了更高效的运转。在此背景下，营销洞察速度更快，营销内容生产时间更短，生产数量更大，营销评估更为及时敏捷。过去，市场营销被细分为多个专业领域，如市场调研、媒介策略、广告投放、内容营销、数据分析等，每个领域都有其独特的技能和工具，形成了相对独立的工作流程和体系。然而，随着人工智能的快速发展和广泛应用，这种强细分的分工模式开始逐渐瓦解。

　　人工智能使营销产业上下游的信息更透明、运作更高效，所有节点的企业都可以通过人工智能获取行业的价格、产品、服务等信息。以前一些不透明的运作方式可能被人工智能打破。生态中单一企业将拥有更多的业务能力和产业信息，可以独立做从前做不了、必须外包的业务。

平台方更加强势，去中间方成为趋势

在生成式营销生态中，企业也会面临挑战。生态中的玩家角色更复杂，生态不断熵增的同时，可能呈现集中化的趋势，机会进一步集中于头部平台，小平台生存面临挑战。头部平台凭借其强大的数据处理能力、用户基础和技术壁垒，正在市场营销中占据越来越重要的位置。这些平台不仅拥有海量的用户数据，能够精准描绘用户画像，实现个性化营销，还通过算法优化，提升了广告投放的效率和效果。此外，这些平台还通过开放应用程序编程接口（Application Programming Interface，API）、提供数据分析工具等方式，赋能品牌和商家，帮助他们更好地理解市场趋势，优化营销策略。在此背景下，平台方的强势地位愈发明显，平台方直接连接着品牌与消费者，减少了传统营销链条中的中间环节，如广告代理公司、市场调研公司等。这便是去中间方，对原有的代理商、供应商来说，是一种巨大的挑战。

当然，平台方的强势和去中间方趋势也带来了一些挑战。例如，品牌对于平台方的依赖程度加深，可能面临数据安全和隐私保护的问题；同时，平台方的算法和规则变化，也可能对品牌的营销策略产生重大影响。此外，去中间方虽然提高了营销效率，但也可能导致营销生态中的多样性减少，不利于创新和差异化竞争。在生成式营销时代，品牌需要更加谨慎地选择合作伙伴，建立多元化的营销渠道，同时加强自身的数据能力和技术实力，以应对平台方强势和去中间方趋势带来的挑战。同时，行业监管机构也需要加强对平台方的监管，保护消费者权益，维护市场公平竞争。

智能体技术在强化平台能力的同时，也在重构并赋能代理商。当前，调研公司、数据监测公司、技术公司、运营公司都试图借由人工智能赋能重构，从而提升业务能力，如果跟不上时代的脚步，可能会遭到淘汰。

10.3　工作方式和流程的重塑

人工智能是否会对企业营销部门的员工产生影响？这是许多企业在应用人工智能时可能会忽视的问题。事实是，人工智能被引入企业营销部门后，一定会对其员工产生巨大影响。管理者要认识到，人工智能不能替代员工，但人工智能应用能力强的员工会替代人工智能应用能力弱的员工。在这个过程中，主观能动性对员工能否用好人工智能有着重要作用。

人工智能在提升员工工作效率的同时，也会改变他们的工作方式、工作流程。随着人工智能的发展，员工使用人工智能的程度会不断加深，员工的态度可能更加积极，综合能力也将随着使用的深入而不断提升。最终，企业的员工结构将发生改变，组织中的人工智能含量提升，超级员工出现，组织内将建立人智协作的新方式——人工智能完成耗费人力的任务性工作，员工从事更能发挥人类独特性的创造性工作。

在行为上，员工的变化是从低频使用人工智能到高频使用人工智能。2024年上半年，中国企业内员工的人工智能应用率普遍不高。但随着时间的推移与竞争的加剧，应用人工智能将成为企业员工的必备技能。相比之下，那些人工智能应用程度更高的企业，竞争优势更大。

在态度上，员工的变化是从抗拒到拥抱。不可否认，人工智能是一项新事物，但并非在初始阶段就能得到所有员工的认同。在一些传统企业或大企业中，员工对现有的工作方式、工作工具都已经形成了习惯，最初对人工智能的态度可能是抗拒，甚至恐慌的。"人工智能会不会替换掉我或我的团队？""如果我推广人工智能，未来会不会失业？"此类想法并不少见，员工的态度对于用好人工智能非常重要。就当前而言，企业中积极用好人工智能的员工的比例只有10%~20%，人工智能将提高这些员工的综合能力。同样的人工智能工具，提供给不同员工使用，产生的效果会有很大差异：主观能动性强的员工，能训练出更好的人工智能。"人的因素大于工具的因素"，这是未来交付差异产生的主要原因。未来，随着人工智能的普及，员工的态度将从恐慌、抗拒逐步过渡为积极拥抱。在与人工智能协作的过程中，员工的主观能动性将不断增强。重复的、操作性的硬技能更容易被替代，管理等软能力的优势将逐渐凸显。

案例：主观能动性不同的员工获得不同的结果

A员工（主观能动性差）

· 输入提示词：我是一个美容店的员工，请给我的 2 个月前到店并购买产品的客户写一条短信，邀请她再次来店。

· AI 输出：

亲爱的客户，您好！我是您在美容店的服务员，希望您一切都好。我想借此机会向您表达我们对您的支持和信任的感激之情。您在 7 月光临我们的店铺，并购买了我们的产品。我们非常高兴能为您提供满意的服务，并希望您对我们的产品感到满意。希望再次邀请您光临我们的店铺。我们一直在努力提供更好的服务和产品，以满足您的需求。我们相信，您会再次享受到我们的专业护理服务和高品质产品。如果您有任何问题或需要预约，请随时与我们联系。我们的团队将竭诚为您提供帮助和建议。

B员工（主观能动性强）

· 输入提示词：我是一个美容店的员工，我的名字叫张月，请给我的 2 个月前到店并购买产品的客户写一条个性化的定制短信，邀请她再次来店。客户名字为王小美，她喜欢我们称呼她"美美"。客户上次到店时间是 7 月 3 日。客户上次到店消费内容如下：常规护肤 200 元套餐，购买去黑头的药膏 150 元。客户皮肤情况较好，有少量黑头，肤质较干，有雀斑，曾经咨询过祛斑项目，但没有购买，一般每个月来一次，但现在已经2个月没有来了，不愿意接电话，没有留微信。邀请目标：希望她再次来店，并购买最新的激光祛斑项目。

·AI输出：

亲爱的美美：

您好！我是××美容店的小月，距离您7月3日来店已经快2个月了，肌肤需要及时护理了哦。

本店上周引进了最新的激光祛斑技术××，顾客体验后反馈效果非常好，不仅祛斑效果显著，而且还能提亮肤色、改善肤质。💡

考虑到您有祛斑的需求，我们特别邀请您亲自体验这项新技术。同时，针对您的肤质，我们还为您准备了一套个性化的护肤方案，帮助您解决肌肤干燥和有黑头的问题。

如果您在本月预约，我们将为您提供一次免费的肌肤检测和专业的咨询服务，同时您可以享受激光祛斑项目的特别优惠。🎁

亲爱的美美，您的美丽是我们最大的追求，期待您的光临，让我们共同见证肌肤的每一次蜕变。🌸

请您回复此短信或拨打预约热线：[电话号码]，我们将为您安排合适的时间。

人工智能还能使员工能力发生变化。单个员工的能力水平将大幅提升，具备多项技能的超级员工将出现，人工智能训练师成为高需求的新职业，擅长应用、训练人工智能的员工将成为企业内的新专家。

人工智能最终会带来员工结构的变化。应用人工智能并不代表企业可以减员，它的目的是通过提升企业的人工智能含量，将员工从低价值的任务中解放出来，做更具价值的工作。员工与人工智能的协作结构和关系将发生变化。在成式营销时代，不同岗位和能力的员工的替代性不同：从事功能性和操作性强的工作的员工更容易被替代，比如当前数字投流师就已经开始减少；相比之下，管理型、知识专家型的员工不容易被替代。因此，员工需要重新构建自身的核心能力。

思考与讨论：全球营销生态会有什么变化？

　　数字营销时代，全球化背景下营销行业涌现了一些领军企业，如美国的谷歌、脸书、亚马逊，中国的腾讯、百度、抖音，等等。它们借助数字化的力量获得广泛的覆盖和聚集的优势，呈现出一种显著的头部集中趋势。

　　生成式营销时代，企业对本地消费者的关切更加关注，本地营销公司被更多地赋能，这也被称为技术平权化。在这样的前提下，全球营销生态会更加集中还是更加分散？营销产业链将呈现何种变化？这值得思考。

第 11 章

模式重构：人类和人工智能的分工

未来的市场营销工作一定会有人工智能的参与，但也不可能完全脱离人类。因此，未来的营销将会是人工智能和人协作的营销。

在人工智能的协同下，人类可以被激发出巨大的潜能，创意人员在相同的时间中可以发挥出 10 倍的创造力，员工可以成为同时完成多个岗位工作的超级员工……

人类如何和人工智能共同工作呢？这是我们需要思考的问题。

11.1　人智协作的 3 种模式

微软联合创始人比尔·盖茨（Bill Gates）在 1980 年时曾经做出预言："每个家庭都将拥有一台计算机。"40 多年过去了，他的预言早已成为现实。2024年，盖茨再次分享了自己对人工智能的构想，他表示，不久的未来，我们不再需要使用各种不同的应用程序来完成不同的任务。相反，只需用日常用语告诉手机或计算机想要完成什么任务，它们就能够处理我们的请求。在不远的将来，每个上网的人都将能够拥有一个由人工智能驱动的个人助理。

即使当前营销人员可能还没有一个全能型的工作助手，但是与人工智能一起工作已经是 2024 年营销人员必须具备的能力。如何才能更好地与人工智能合作呢？我们需要了解人工智能与人类协作的 3 种模式，如图 11-1 所示，了解不同模式下人与人工智能完成工作的具体场景和案例，推动自身及所在企业的营销业务向终极的人工智能智能体模式迈进！

图 11-1　人智协作的 3 种模式

嵌入模式

嵌入模式是最基础，也最容易形成的模式，人类通过拆解目标引导人工智能完成任务，例如通过提供一系列提示词来明确具体的任务，使之成为人工智能理解用户意图的关键因素。这样的互动机制使得人工智能能够更准确地捕捉用户需求，并在后续互动中逐步完善细节。在这种模式下，人类仍然是主要的决策者，对整体工作任务起主导作用，而人工智能则作为辅助工具，帮助人类更高效地完成任务。

嵌入模式在多个营销领域都有非常高的应用价值，尤其在文案创作、广告创意、概念创新、研究洞察等领域表现突出。

案例：嵌入模式下的人智协作

某企业的市场部公关人员要写一篇宣传公司新产品的新闻稿。首先，需要确定题材、故事方向以及文章的框架。这些都是创作的基础，基于此才能够继续补充细节。在嵌入模式中，人类作为决策者需要将"撰写新产品宣传稿"这个整体目标拆分为一系列可以逐步完成的多个子任务，例如，起标题、写目录、介绍新产品功能、描述新产品优势、新产品优惠信息等。在后续与人工智能的互动中，我们可以逐步输入各个子任务，指导人工智能按照我们设定的步骤完成不同阶段的创作。例如，我们可以通过提示词和产品信息让人工智能创造多个文章的标题，并对其进行选择，然后按目录引导人工智能填充文章每部分的细节。在这一过程中，人类作为主导者，通过拆解目标、提供清晰指导，有效地引导人工智能完成各个任务，最终形成一篇符合要求的完整的新闻稿。

副驾驶模式

副驾驶模式这一概念是微软在 2021 年引入的，它的主要功能是为开发者在编写代码的过程中提供实时的代码建议。副驾驶模式不仅可以进行简单的代码补全，还能生成整段代码，从而极大地提升开发效率。此模式已在多个行业得到应用，最典型的是自动驾驶。在这一场景中，人工智能负责处理常规路径中的驾驶任务，而人类则进行复杂环境、新环境下的驾驶或者紧急情况下的其他操作。

相较于嵌入模式，副驾驶模式中人工智能的决策权更大。在此模式下，人类与人工智能更像是合作伙伴。人工智能不仅在后续流程中与人类互动生成最终结果，而且在拆分目标时，也能协助人类理清目标构成。对于那些对目标领域不熟悉的人，人工智能能够帮助他们理清思路，从而更有效地达成目标。因此，在副驾驶模式下，人工智能通过对目标任务的分析，构建解决方案，从而提高决策的效率，并且在后续的过程中提供有力的支持与指导，以确保任务的高质量完成。

在营销业务中，人类与人工智能之间的不断交互变得至关重要。在副驾驶模式下，人类与人工智能共同参与决策过程，相互补充，发挥各自的优势。人工智能会对任务持续提供建议，而人类则负责根据项目需求进行选择和调整。人工智能全程参与整个工作流程，从提供初始建议、给出框架，一直到协助完成流程的各个阶段。在这种合作关系中，人工智能不仅仅是一个工具，更是一个知识丰富的助手。

案例：副驾驶模式下的人智协作

撰写 PPT 是营销人员经常要做的工作，如撰写营销活动效果评估报告、消费者需求洞察报告、行业竞争分析报告等。我们在制作 PPT 时，有时可能会对当前PPT的内容顺序是否符合逻辑感到不确定。在这种情况下，我们可以借助人工智能来整理这个PPT的架构。此时，我们只需要在与人工智能的对话框中输入报告的目的，之后人工智能就会给我们提供相应建议。我们可以根据这些建议来调整PPT的结构，使其符合我们的期望。

在副驾驶模式下，人工智能还可以协助营销人员提升日常的办公效率，比如快速回复邮件或提炼邮件信息。除此之外，对于营销中的各种表格和数据（例如媒体资源和价格表、营销活动的排期表、广告和社媒的投放数据表格等），副驾驶模式能够提供关于数据表的变化、趋势和异常值的建议，使营销人员能够更快速地进行数据探索和制定出有效的分析策略。

智能体模式

智能体模式是人智协作的3种模式中最为独立和自主的模式，也是营销人员使用人工智能的终极追求。这种模式可以理解为人工智能能够自主理解人类提出的问题，并基于这种理解来进行问题规划，进而自主决定需要执行哪些复杂任务。换句话说，当人类设定了目标后，人工智能不仅能够提供关于任务执行框架的建议，还可以自主开始任务执行，无须人类手动分配任务。在这一过程中，人类主要进行监督和评估最终结果，而不需要在每个步骤中都参与进去。在这种模式下，人工智能具有较强的自主性，能够在没有人类直接干预的情况下完成任务。

智能体模式在自动驾驶、机器人控制、游戏设计等领域有着广泛的应用。在自动驾驶中，车辆可以通过感知道路、规划路径并执行行驶，实现智能驾驶。在机器人控制中，智能体模式赋予机器人更强的自主决策能力，使其能够适应不同的任务环境，如在厨房做饭等。在游戏设计中，智能体模式可以提高非玩家角色的智能水平，增加游戏的趣味性。

智能体模式的核心流程可以看作3种能力的循环：感知能力、规划能力和行动能力。感知阶段，人工智能凭借感知能力，从环境中收集相关信息并提取出有用的信息。在规划阶段，智能体为实现目标而制定行动规划。在行动阶段，人工智能基于提取的信息做出规划，自主采取行动，并且在感知、规划和行动的循环中，不断与环境互动，优化自身的行为。

区别于嵌入模式和副驾驶模式，智能体模式下人工智能具有更强的决策权、独立性和自主性。它强调人工智能能够自主感知环境，通过感知获取信息，进行规划、拆分任务并自主执行任务。这与嵌入模式中人类主导、人工智能执行命令，以及副驾驶模式中人类与人工智能合作完成任务的方式形成鲜明对比。此模式中的人工智能更像是一个能自主学习的主体，具备更强的独立思考和适应能力，人类只是监督者和评估者，引导其实现任务目标并提供指导。

案例：智能体模式下的人智协作

在广告智能投放的决策系统中，AI算法可以自主采集并分析每个消费者已有的标签和行为数据，给出针对每个消费者的应该推送的广告内容（提供定制化的素材，挑选适合的时机、场景、媒体推送广告）。

在更深入的C端营销场景，例如在企业的私域（自有App、小程序、社群等）中，各种AI助手和智能客服可以主动为各种不同的客户提供个性化的内容、优惠、活动信息，也可以在客户主动提问时，给予针对性的解答。

各大电商平台推出的AI购物助手也是智能体模式的常见应用。抖音在2024年推出AI导购型产品——面向C端的AI电商服务"AI购物小助手"，用户点击页面内的图标"召唤助手"后，即可进入 AI 购物小助手界面。AI 购物小助手采用对话模式，用户可以提出自己的消费需求，例如，输入"给我推荐一个适合大一新生的数码套餐"的需求指令后，AI 购物小助手会较快地列举出符合要求的商品及相关信息等。接着，AI 还会展示符合用户需求的相关短视频，通过视频解说的方式，使用户有一个更为直观的参考。

3 种模式的演变揭示了人工智能与人类协作的不同层次：从人类主导到与人工智能共同决策，再到人工智能自主执行任务。每种模式都有其特定的应用场景和优势，可以适应不同的任务需求和工作环境。

11.2　发挥 10 倍创造力

在市场营销领域，人类与人工智能实现深度融合与高效协作时带来的创造力可能达到传统模式下的 10 倍之多。这种描述并非空穴来风，而是基于当前市场营销领域的发展趋势和技术进步所做出的合理推断。

从数据分析的角度来看，人工智能具有强大的数据处理和挖掘能力，能够迅速从海量的市场数据中提取出有价值的信息，为营销人员提供精准的洞察。这些洞察不仅能够帮助企业更好地理解消费者的需求和行为模式，还能够揭示市场趋势和竞争对手的动态，为制定有效的营销策略提供坚实的基础。而人类则擅长将这些数据洞察转化为创意和策略，通过独特的视角和思维方式，将复杂的数据转化为引人入胜的营销信息，从而触动消费者的情感，激发他们的购买欲望。

在创意生成方面，人工智能也能够为人类提供强大的支持。通过机器学习和自然语言处理等技术，人工智能能够生成广告文案、社交媒体帖子等形式的创意内容，这些内容不仅具有高度的个性化和定制化特点，还能够根据消费者的反馈和互动进行实时调整和优化，从而确保营销信息的准确性和有效性。而专业的创意人员则可以对人工智能生成的内容进行进一步润色和创意加工，使其更加符合品牌形象和营销目标，同时注入更多的情感元素和人文关怀，使营销信息更加生动、有趣和引人入胜。

在营销执行和监测方面，人工智能也能够发挥重要作用。通过自动化和智能化的工具，人工智能能够高效地执行各种营销活动，同时实时监测营销效果，提供实时的数据。这些数据不仅能够帮助企业及时了解营销活动的表现，还能够为未来的营销策略制定提供有价值的参考。而人类则可以根据这些数据对营销策略进行及时的调整和优化，确保营销活动的持续有效性和竞争力。

案例：36 氪的 AI 虚拟店铺

在 AI 实用探索的道路上，36 氪的步伐非常领先。2023 年，36 氪就在 AI 的帮助下，从"0"到"1"搭建起了一家名叫"卢咪微 LumiWink"的淘宝店。这一过程涉及起名、Logo 设计、服装设计、模特图制作和商品详情介绍文案生产，人类在其中主要扮演"监工者"角色。这家淘宝店的搭建和货品的上架由 2~3 个人使用 AI 工具（主要是 ChatGPT 和 Midjourney），用了两周时间就"有模有样"地完成了，而这原本可能至少需要十几个人，投入不菲的资金和大量的时间才能完成。若非店铺首页写了"AI 出品"，相信没人会发现这是一家"AI 浓度"超过 90% 的店。2023 年 4 月上线后，随后的 3 个月里，该店卖出了 600 多件短袖、100 条裙子。通过与线下工厂的磨合，这次实验性的项目从开一家虚拟店走向了后端的生产交付和销售环节，并借助虚拟数字人技术进行直播带货，打通了整个电商交易链路。

这次尝试让很多人意识到 AI 工具在实际应用中的潜力，关注到新一轮生成式 AI 在电商领域率先落地的趋势。从个性化推荐、智能客服、智慧物流到供应链和库存管理，不论是前端体验还是后端效率提升，AI 在电商领域发挥着越来越重要的作用。

11.3 一岗多能成为常态

在人工智能协作下，营销领域的一岗多能成为普遍现象，人工智能在图文生成、数据处理、分析预测、自动化执行等多个方面的强大能力释放了营销人员的大量时间和精力，使他们能够投身于更具创造性和策略性的工作，极大地扩展了营销人员在营销工作中的边界和深度。

以往，营销团队中往往需要细分出多个专业岗位，如市场调研、内容创作、广告投放、数据分析等，每个岗位专注于某一特定领域。有了人工智能的帮助后，从事内容创作的员工也可以进行数据分析，市场调研的岗位从业者也可以完成初步的创意设计，销售人员也可以撰写社交媒体文案……

一些特定岗位的技能如美工和设计，则正在被营销的其他岗位整合。在 2024 年发布的行业报告中，我们已经看到许多研究报告都有人工智能生成图片标记。在作者团队 2024 年出品的研究报告中，所有以前由美工完成的模板设计和图片制作工作，现在也全部由研究人员利用人工智能工具完成。

思考讨论：企业该如何改变？

　　生成式人工智能一定会改变企业内部的组织关系和组织的形态。企业需要自上而下地进行战略的制定和实施。

　　企业会减少外包吗？在生成式营销时代，组织变革的核心特征之一便是加速扁平化发展，并减少对外部供应商的依赖。

　　企业需要人工智能中台吗？在生成式营销这一领域中，企业分工正经历着一场深刻的内部整合，变革的核心在于构建一个以"人工智能驱动的智能中台"为核心的协作体系，将营销洞察、内容创意、媒介投放、效果评估等关键环节紧密地串联起来，形成一种高效协同的智能化的工作模式。

　　人工智能对营销行业的冲击，如同新能源车对传统车企的冲击，是破坏性的、重构性的，是巨大的变革，众多新的企业和品牌会崛起，一些传统的知名品牌会没落。新的时代，决定企业未来之路的，就是尽早起步，尽早拥抱人工智能。

第 12 章

竞争力重构：深度智能化是企业的未来

人工智能对企业的赋能是普遍的，对营销业务的影响尤为显著。

过去只有大企业才能实施的广告创意、媒体投放活动，现在中小企业也能以较少的投入完成。

因此，我们不得不思考未来企业的核心竞争力是什么：是规模、资本、品牌，还是其他因素？

12.1　选择匹配的人工智能模型

从 2022 年底 ChatGPT 诞生后，国内外市场中涌现了大量通用大模型。个人和企业都可以使用这些工具，但企业在选择人工智能模型时，有的追求专业功能，有的追求泛化能力，还有的追求成本合理。需要注意的是，即使是在大模型市场蓬勃发展、成本持续下降的过程中，企业大模型应用中的"不可能三角现象"仍然存在，即选择大模型时不可能兼顾专业性强、泛化性强和成本最优。

专业性：指大模型在特定领域的精确性和有效性。专业性强的大模型能够更好地理解和处理领域内的特定任务，但可能在其他领域表现不佳。

泛化性：指大模型在不同领域和任务中的表现一致性。泛化性强的大模型能够在多种场景中应用，但可能无法在某一特定领域达到最优效果。

经济性：指大模型的成本效益，包括开发、训练和运行成本。经济性的大模型能够以较低的成本运行，但可能在专业性和泛化性上有所欠缺。

企业在选择生成式营销工具时，需要在这三者之间找到一个平衡点，具体选择取决于企业的实际需求和所拥有资源。

市场上的开源通用大模型并不能直接地解决特定领域的专业性需求，这引发了人们对行业大模型的兴趣。行业大模型是指在特定的领域或行业中经过训练和优化的大型语言模型。与通用大模型相比，行业大模型更专注于某个特定领域的知识和技能，具备更强的领域专业性和实用性。这种专业性使得行业大模型在处理特定领域的任务时，能够提供更准确、更丰富的输出。图 12-1 展示了通用大模型与行业大模型的特征。

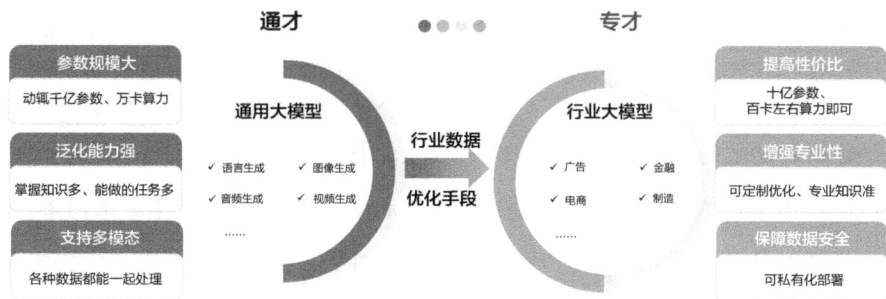

图 12-1　通用大模型与行业大模型的特征

资料来源：根据腾讯研究院《向 AI 而行，共筑新质生产力——行业大模型调研报告》内容绘制。

为了实现在营销领域的可用性目标，必须引入营销行业的行业大模型，这些模型学习和输入了营销行业的数据（如广告、社媒、电商、消费者等方面的数据），并能与企业自身的私有化数据（如销量、品牌、客户数据等）相结合。在有足够的训练数据的支持下，模型才能准确地反映营销业务特点，并为企业提供有价值的营销洞察。通用大模型与营销行业需求、应用间存在的鸿沟只能通过行业大模型来填平。

如何让生成式人工智能的行业大模型更好地与企业匹配呢？

企业要注意一个基础原则：行业数据是训练模型的基础。要有足够且高质量的数据输入，才能生成好的模型。数据的质量和数量直接影响模型的性能和效果。因此，企业需要在数据收集、数据清洗和标准化治理上投入足够的资源，以确保模型能够准确地学习和泛化；在这一过程中，还要确保数据的安全性与使用的合规性。

在良好的数据基础之上，提高模型质量的方法还包括应用检索增强生成（Retrieval-Augmented Generation，RAG）技术进行模型微调，以及采用智能体模式。

参考资料：RAG 技术

RAG 技术是一项结合检索和生成的人工智能技术。其主要目标是提升生成式模型的回答质量和准确性。RAG 技术利用外部知识库或文档集合来提升生成式模型的性能。企业可以利用 RAG 技术构建知识问答系统、智能客服等应用场景。通过上传和索引企业内部的文档、数据库等知识资源，RAG 模型能够实时检索并生成准确的回答，提升企业的服务质量和效率。实现的具体步骤如下。

首先，从给定的知识库中检索与输入问题相关的文档或信息。这一步通常使用某种信息检索技术，如向量搜索（如用 Transformer 模型生成的嵌入向量）。

然后，将检索到的相关信息与输入问题一起传给生成式模型（如GPT-4 或 BERT 等变体），生成最终的回答。这样可以使模型利用更丰富的背景知识提供更加准确的回答。

RAG 技术能够显著提高模型的回答质量，无须大量的端到端训练数据，因为它依赖的是丰富的外部知识源。在实际应用中，RAG 技术能够用于问答系统、对话系统等领域，尤其是那些需要动态更新知识的场景。

模型微调是指在大规模预训练模型的基础上，针对特定任务或领域进行小规模训练和调整的过程。企业可以通过增量预训练、微调（fine-tuning）以及提示词工程等方法，对预训练模型进行微调，使其更适应企业的特定需求。例如，可以利用企业内部的标注数据进行微调，提升模型在特定任务上的性能。

案例：如何构建微调模型进行广告文案的生成

营销部门需要设计一套模板，将广告文案的生成任务转换为模型预训练时常见的形式。例如，可以设计一个包含空槽的模板，让模型根据输入的产品特点和目标受众，填充空槽以生成完整的广告文案。

模板的设计需要灵活多变，以适应不同场景下的广告文案生成需求。同时，模板也需要根据预训练模型的特性和输入数据的格式来确定。

为了对模型进行微调，需要收集大量的广告文案数据。这些数据应该涉及产品特点、目标受众和营销目标等方面，以确保模型能够学习这些因素的多样性。

数据可以通过内部资源（如历史广告文案）和外部资源（如竞争对手的广告文案）来收集。此外，还需要利用自然语言处理技术对数据进行清洗和预处理，以提高数据的质量和可用性。

在收集到数据后，营销部门需要构建具体的提示词。提示词应该清晰、明确，并包含足够的语境信息，以引导模型生成符合要求的广告文案。例如，首先，构建一段包含产品名称、产品特点、目标受众和营销目标的提示词。然后，将这段提示词与输入数据一起输入模型，让模型根据提示词和数据生成广告文案。

在构建好提示词后，需要对模型进行微调。微调的过程包括选择合适的优化方向，以及设置适当的训练参数。微调过程中，需要不断监控模型的性能，并根据产出进行调整。可以通过对比实验来评估不同提示词和训练参数对模型输出的影响，从而选择最优的方案。

微调完成后，需要对模型进行评估。评估的指标可以包括广告文案的生成速度、准确率、生动性等。同时，对生成的广告文案要进行人工审核，确保其符合企业的营销目标和品牌形象。根据审核结果，可继续对模型进行优化，如调整提示词的表述方式、增加更多的训练数据或改进训练算法等。

12.2　企业核心资产建设

企业构建营销知识库是一个系统化的过程，人工智能在其中发挥着至关重要的作用，它能够帮助企业系统地整理、存储各类与营销相关的信息和数据，支持不同场景下的查询提取和导出应用，支持高效的营销工作流。

内容知识库

人工智能通过采集和分析大量的广告素材、营销文案和 KOL 帖子等，帮助企业构建营销内容知识库。人工智能能在全网和指定的数据库中提取指定条件和范围的营销内容，学习并理解其中哪些内容更受欢迎，哪些元素能够引起目标受众的共鸣。例如，通过从历史数据库中提取出最有效的关键词和短语，为新的广告创作和内容创作提供指导。此外，人工智能还可以帮助监测和分析社交媒体上的热门话题和趋势，从而为企业的内容创作提供灵感和方向。

消费者知识库

消费者是营销的重要起点，消费者知识库对企业非常重要。在消费者知识库的构建中，人工智能通过整理分析消费者调研数据、消费者购买数据，以及消费者的媒体行为数据，帮助企业深入理解不同消费者的需求和偏好。人工智能凭借其数据分析能力可以揭示消费者的购买动机、品牌忠诚度和满意度等关键指标。通过机器学习算法，人工智能可以根据少量的种子用户信息（如企业 CRM 系统的数据，如已购买用户 ID 包），识别计算出更多的、潜在的消费者，还能根据品牌的产品和服务，找到各种有潜力的消费者细分市场，为每个细分市场制定定制化的营销策略。

媒介知识库

大部分营销活动是通过投资媒介来实现的，所有营销人员都关心：市场的媒介资源有哪些？价格如何？各媒体和各资源的数据表现如何？有哪些新兴的、优秀的媒体平台和广告产品？这就需要有全面、细致、持续更新的媒介知识库。在媒介知识库的构建中，人工智能可以帮助企业管理和分析媒介资源库和媒体表现数据，通过分析不同媒介渠道的历史数据，为媒介购买和投放提供数据支持，优化媒介的资源策略和预算分配方案。

行业竞争知识库

营销不是企业的孤立行动，而是品牌与竞争对手争夺消费者注意力、抢占消费者心智的过程。因此，行业及竞争对手的表现，对营销人员也很重要。人工智能通过持续监测品牌和竞争对手的多维表现，构建行业竞争知识库，例如整理品牌健康度的表现（包括定期的品牌调研数据、来自舆情的实时反馈）等。人工智能模型能采集、整理，分析新闻报道、行业报告和社交媒体讨论中的竞争对手信息，为企业提供行业和竞争全景视图。通过行业竞争知识库，企业能及时了解竞争对手的新动向，帮助营销人员了解竞争环境，及时调整自身策略。

营销知识库

企业的知识资产——营销知识库是一个集中存储、管理和分享营销知识和信息的资源库。它包含了企业在营销活动中积累的各种案例、数据等。其构建基础是各种数据与信息的整合，并且企业有能力对这些非结构化的内容进行治理、归纳、分析，形成人类可以理解的"知识"，最重要的是，要有能力在需要的业务场景中，高效正确地把"知识"提取出来应用。当前，在企业建设营销知识库的过程中，生成式人工智能发挥着越来越重要的作用。

12.3　将企业改造为智能体

　　智能体是人工智能领域中的一个核心概念，指的是能够自主感知环境、做出决策并执行行动的系统，或驻留在某一环境下，能持续自主地发挥作用，具备驻留性、反应性、社会性、主动性等特征的计算实体。它既可以是硬件（如机器人），也可以是软件。在人工智能领域，智能体被视为一种在环境中"生存"的实体，具有以下功能：感知环境中的动态条件、执行动作影响环境条件、进行推理，以解释感知信息、求解问题、产生推断和决定动作。智能体主要建立在人工智能、机器学习、深度学习等领域的研究成果之上。这些技术为智能体提供了强大的数据处理、分析和决策能力。

　　智能体具有自治性、反应性、主动性、社会性和进化性。

　　自治性（Autonomy）：智能体能根据外界环境的变化，自动地对自己的行为和状态进行调整，而不是仅仅被动地接受外界的刺激。这体现了智能体的自我管理、自我调节能力。

　　反应性（Reactive）：智能体能对外界的刺激做出反应，这是其与环境进行交互的基础。

　　主动性（Proactive）：智能体不仅能对环境变化做出反应，还能主动采取活动，以应对未来可能的变化。

　　社会性（Social）：智能体具有与其他智能体或人进行合作的能力，不同的智能体可根据各自的意图与其他智能体进行交互，以达到解决问题的目的。

　　进化性（Evolutionary）：智能体能积累或学习经验和知识，并修改自己的行为以适应新环境。

案例：智能体的应用

反应型智能体。这类智能体能够实时感知环境并做出快速响应。例如，在游戏场景中，反应型智能体可以通过学习玩家的操作习惯和战术策略，实时调整非玩家角色的游戏行为，从而与真人玩家进行更加智能和有趣的互动。

智能向导。在冬奥会场馆中，智能向导融合了 AI 和 AR 技术，为人们提供定位精准、随叫随到的引导服务。这类智能体类似一个专业的导游，能够根据人们的需求提供个性化的游览路线和解说服务。

自动驾驶。这也是一种典型的智能体应用。借助自动驾驶，车辆能够在城市道路上安全地行驶、避开障碍物并遵守交通规则。然而，它的智能设计专注于城市驾驶，面对复杂的越野环境、乡村地形或极端天气条件，可能力不从心。这类智能体等同于一个专门在城市环境中工作的司机，"他"熟悉城市的道路和交通规则，但在其他环境中可能就不那么擅长了。

在营销领域，广告智能投放场景中的智能体等于多个丰富经验的投流师，可以同时管理多个账号，在 AI 的协助下，完成高效的投流。

12.4 企业的关键实践与选择

一些大型的企业，特别是营销费用较高的企业，已经开始探索在内部用科学的方法构建由人工智能驱动的智能管理体系，并获得了喜人的成效。

案例：某头部食品企业的 AI+ 流程驱动的战略

某头部食品企业把握 AI 浪潮，构建了 AI+ 流程驱动的管理体系，实现了企业整体的 AI 智能化转型，包括用 AI 重构商业场景、重塑商业流程，还实现了 AI 领导力的转型。

该企业制订了五步走战略计划：统一思想、定位场景、构建新工作流、拓展场景及长期计划、人才培训与全员推广。

第一步，统一思想，形成共识。在这一阶段，通过大量的 AI 体验、培训、案例采集学习，形成共识，并组织业务和技术部门共同重塑可能的流程，快速生成工具架构和业务旅程，确定商业可行性，形成 AI 机会地图和解决方案，并在企业内分享推广。

第二步，精准定位并启动最有价值的场景。在这个环节中，该企业使用了科学的二维评估方法，即第一维度考虑将 AI 应用于各个场景的可行性，例如应用于降本优化场景的可行性最强，只需要内部员工配合就能完成；应用于增收提效场景的可行性中等；应用于商业模式变革场景的可行性最差，优先级也相对较低。第二维度则考虑此场景在行业内的泛用程度，如果是技术型的非本行业特有的泛用场景（如会议助手等），则优先级低，因为可以应用外部的通用大模型，不需要在企业内进行投资。越是本行业、本企业独有的业务场景，优先级越高。

第三步，从业务流程出发，规划智能化转型路径，把场景的业务流程进行细化拆解，并列出 AI 可优化替代的节点，最终在营销领域形成以全渠道、全客户生命周期、全域投放管理为抓手的智能体矩阵，并在此矩阵下，针对营销的不同工作环节进行赋能的场景划分，如内容 AI 创作与优化、智能个性化营销（个性化客户体验）、数据驱动的智能洞察（中台能力）等，进行智能流程再造，用 AI 重塑企业"经脉"，构建 AI+ 人的新工作流。

　　第四步，经过众多场景的实战演练，企业的 AI 科技底座能适配各类真实商业场景，在获得成效后，企业可以继续拓展场景范围，制订更长期的发展计划。

　　第五步，打造 AI 人才队伍，组织 AI 技能培训和创新大赛，助力员工的理念转变和 AI 技能提升。企业可以设立业务咨询师、AI 智能体构建师、体验设计师、提示词培训师、知识工程架构师等一系列的新岗位，持续进行全员培训，巩固成果，激励员工不断前行。

3

第三篇
"生成"的运用：如何创造更多的竞争优势

降本增效，不是应用生成式营销的全部。

在六大营销场景——广告、社媒营销、内容营销、电商、用户管理、创新管理中，生成式营销更主要的作用是创造消费者价值，提升组织整体效率。

本篇一共6章，包括：广告，无限创意与千人千面；社媒营销，从数字分身到矩阵式传播；内容营销，从创意到新美学；电商，深度理解与满足客户；用户管理，再造极致体验；创新管理，快速创造新产品；

在本篇，你将了解到生成式人工智能在具体营销运营场景中的作用及精选的案例。

第 **13** 章

广告场景：无限创意与千人千面

广告，是企业规模化发展必备的营销手段。

中国的智能手机品牌，用大量的广告抢占了国内和国际市场。

电商平台，用无处不在的广告刺激消费者点击和购买。

从早期的纸质传单到后来的电视广告，广告一直是品牌与消费者沟通的桥梁。随着数字时代到来，广告的形式和功能也在不断地变化。

目前的互联网科技公司，普遍具有极强的媒体属性，并以赚取广告费作为主要盈利模式之一。

生成式营销与广告运营流程有非常多的结合点，比如，多模态内容的生成让广告创作不再是专业人士的专利；以往需要大量人手的广告投放，借助生成式营销大幅提高了效率。而更有想象空间的是，生成式营销更懂消费者，能更好地服务于人类的需求和期望。

13.1　变化中的广告

广告的定义

广告是一种传播活动，其目的是通过各种渠道向目标受众传递特定信息，以促进产品或服务的销售、建立或提升品牌形象、影响公众意见或支持某些社会事业。广告通常由广告主（即希望推广其产品或服务的个人或组织）支付费用，利用各种媒介，如电视、广播、印刷媒体、户外广告牌、互联网等来传播信息。

随着技术的发展，广告的形式和传播方式也在不断变化。数字广告、程序化购买、原生广告等新型广告形式的出现，使得广告的定义更加多元化和复杂化。

广告创意生产

创意生产是广告的核心。一个好的广告创意包括广告视频、平面视觉表达、音频等。

过去，制作一则广告需要广告公司从洞察到创意的全方位投入，涉及名人代言、专业拍摄及复杂的物料准备，这些因素使得拍摄成本居高不下。然而，随着数字技术的发展，传统的广告制作模式正逐渐被新的模式替代。现代的广告创意可以通过更加灵活的方式实现，例如利用 UGC、VR 或者 AR 技术，这些新兴工具不仅降低了成本，也为创意表达提供了更多的可能性。

在市场环境迅速变化和消费者需求日益多样化的背景下，广告领域越来越重视创意生产的数量。这是因为，为了在竞争激烈的市场中脱颖而出，品牌需要不断地推出新颖、吸引人的广告内容来吸引和保持消费者的注意力。

生成式营销的出现，为创意生产提供了一种高效的"增产"途径，使得广告创意的生产变得更加容易和可接近。生成式营销在广告领域的应用催生了一个专门的术语——AIGC。这种自动创作并生成多模态内容的技术，降低了广告内容创作的门槛，使得广告创作不再只是专业人士的专利，更多的非专业人士也能参与到广告的创作中来。这不仅提高了创意的生成效率，还拓宽了创意的边界，使广告内容更加多样和个性化。

在信息流广告、社交媒体广告领域，AIGC 的引入为 UGC 和 PGC 提供了强有力的补充。它既能与 PGC 的专业水准相匹配，又具备 UGC 的互动性和个性化。这种结合使得品牌能在保持专业水准的同时快速适应市场的变化，满足消费者多样化的需求。通过 AIGC、UGC 和 PGC 的协同作用，品牌能快速、大量地创造广告内容，及时适应市场的变化和消费者的需求。

小知识：PGC、UGC 和 AIGC

PGC（Professional Generated Content）：专业生产内容，指的是由专业人士或机构所创造的内容。这些内容通常需要一定的专业知识和技能才能创作，质量较高，如电影、学术文章等。在 PGC 模式下，内容的生产者往往具有特定的专业背景，他们创造的内容往往具有较强的权威性和专业性。

UGC（User Generated Content）：用户生产内容，是指用户在互联网平台上自发创造、上传和分享的内容。这些内容形式多样，包括文本、图片、视频等，其特点是参与性强、形式自由，但质量参差不齐。UGC 是随着 Web2.0 时代的到来兴起的，在这一模式下，用户不再是单纯的内容接收者，而是变成了内容的创造者和传播者。

AIGC（Artificial Intelligence Generated Content）：人工智能生成内容，是一种新兴的内容创作方式。AIGC利用人工智能技术自动创作并生成内容，如文本、图像、音乐、视频等。AIGC的出现标志着内容创作方式的巨大变革。AIGC通过深度学习、自然语言处理等技术，使机器能够模仿人类的创造力，生成具有一定创意和个性化的内容。它被认为是继PGC和UGC之后的新型内容生产方式，在创意、表现力、迭代、传播、个性化等方面具有独特的技术优势。

广告流量的程序化与精准化

广告创意生产的核心目标是创造能够引起目标受众共鸣的信息，程序化广告交易是实现这一目标的关键工具。随着数字广告技术的发展，广告不再仅仅是一次性的创意展示，而是变成了一个动态的、数据驱动的过程。程序化广告交易通过自动化的方式，使得广告主能够根据用户的具体行为、偏好和其他相关数据，精准地将创意展示给最有可能对其感兴趣的用户。

程序化广告的核心，在于其实时竞价机制，这一机制允许广告主在用户访问网页或使用应用时，实时出价竞购广告展示机会。这一过程涉及需求方平台、供应方平台、数据管理平台和广告交易平台。当用户访问一个网页时，供应方平台会将广告请求发送到广告交易平台，并提供用户的信息。广告交易平台随后会将这个请求发送给与之连接的需求方平台，需求方平台根据广告主设定的策略和算法来决定是否参与竞价及出价多少。最终，出价最高的需求方平台将赢得这次广告展示机会，并将广告内容返回给用户，整个过程通常在100毫秒内完成。

广告程序化交易的过程使得媒体和品牌之间诞生了大量的运营活动，要求广告主在人群定位、流量选择和标准设定等方面进行精细的打磨。

首先，精细化运营的起点是人群定位，即通过对目标受众的行为习惯、兴趣偏好、人口统计学特征等进行深入洞察，将广告内容与目标受众的需求和兴趣相匹配。例如，通过建立完善的标签体系和反馈机制，可以提升媒体展现形式的灵活性和精准性。

然后，广告主需要选择合适的广告渠道和形式，可能包括社交媒体、搜索引擎、视频平台等。在这个过程中，数据管理平台发挥着重要作用，它帮助广告主整合和分析数据，以创建精确的用户画像和标签，为精细化用户需求识别乃至产品研发奠定基础。

最后，在广告投放阶段，广告主利用程序化购买技术进行投放的标准设定，在正确的时间、地点向正确的人展示广告。

广告的精细化运营不仅考验着营销人员的专业能力，也催生了一系列新兴职业，如投流师等。这些专业人士利用先进的数据分析工具和算法，精准地定位目标受众，优化广告投放策略，以期在数字世界实现最佳的营销效果。

13.2　智能化流程提高触达效率

广告创意生产和投放流程中充斥着大量烦琐且耗时的任务，如数据分析、受众细分、广告投放和性能监控等，这些工作往往会占据营销人员大量的时间和精力。人工智能的介入不仅能将创意构思和策略制定推向新高度，还能提升广告创意生产和投放的效率。

智能系统能自动完成曾经耗时耗力的任务，解放营销人员，使他们能够将更多的时间和精力投入更具创造性和战略性的工作中。这种转变标志着广告行业正在从劳动密集型的工作模式向数据驱动、以创意为核心的新工作模式转变。

下面，我们通过腾讯广告妙思平台案例展示生成式人工智能如何改变广告创意生产和投放的流程。

案例：腾讯广告妙思平台——人工智能驱动的广告创意革命

背景：腾讯广告妙思平台基于腾讯混元大模型，实现了从创意生产到广告投放的全链路自动化，标志着广告行业正式迈入技术驱动的新时代。

商业问题：消费品行业的品牌面临着用户注意力分散和营销内容同质化的双重挑战。在这种情况下，持续产生吸引人的内容和创意变得尤为重要，但传统的广告制作流程烦琐且成本高昂，限制了创意的快速实施和迭代。

解决方案：腾讯广告妙思平台通过 AIGC 技术，提供了一种全新的广告创意生产方式。广告主只需输入文本提示词，平台便能自动生成用于广告投放的素材，大大缩短了从创意生成到广告投放的周期。此外，平台还实现了素材的快速审核，平均审核等待时间缩短了 80%，同时确保了素材的合规性。

成效：腾讯广告妙思平台取得的成效是显著的。它不仅提升了广告素材的生产效率，还通过智能技术提高了广告的点击率。例如，某餐饮行业客户通过平台投放后，平均点击率提升了约 40%，单素材每个用户平均收入提升了约 35%。在汽车行业，通过平台生成的素材实现了点击率平均 30% 的提升，素材制作成本降低了 95%。

创新点：腾讯广告妙思平台的创新之处在于其能够将 AI 技术与广告创意生产和投放的各个环节深度融合。它不仅解决了广告素材制作的成本和时间问题，还通过智能化的审核流程，确保了素材的快速过审和投放。此外，平台还提供了丰富的素材库，支持广告主进行创意的无限组合，进一步确保了广告创意的多样性。

结论：腾讯广告妙思平台的案例展示了 AI 技术在广告行业中的潜力。AI 技术不仅改变了广告的生产和投放方式，还为品牌提供了一种新的与消费者沟通的手段。随着 AI 技术的不断进步，我们预见广告行业将继续朝着更加智能化、个性化的方向发展，为品牌和消费者创造更多价值。

13.3 千人千面，提升用户体验

"千人千面"这一概念在广告领域中指的是根据用户的行为、偏好、历史互动等数据定制个性化的内容，即为不同的用户展示定制化内容的策略。这种策略的演变与技术发展紧密相连。

20 世纪末 21 世纪初，广告更多依赖传统媒体，如电视、广播、报纸和杂志等，这些广告通常是面向大众的，缺乏针对性。2010 年左右，随着移动互联网的兴起，广告开始向线上转移，出现了基于用户行为和偏好的初步定向广告。这一时期，广告的个性化还比较有限，广告主要是通过简单的用户数据进行初步的定向投放。

随着大数据技术的发展，广告商能够收集和分析用户在线行为产生的海量数据，构建更为详细和精确的用户画像，对不同的用户群体甚至个体进行更为精准的广告推送。这一过程中，程序化购买技术的出现极大地推动了广告精准化的发展。

如今，人工智能的发展能够进一步优化广告的个性化投放。人工智能可以处理并分析更复杂的数据，提供更精准的用户洞察，实现动态的内容生成和优化。人工智能还能通过机器学习不断优化广告投放策略，提高广告的相关性和吸引力。

"千人千面"的广告策略不仅能提升用户体验，还可以提高广告的转化率和投资回报率。通过这种方式，广告不再是单向的信息传播，而是变成了一种双向的、互动的沟通艺术，可以实现广告内容与用户需求的完美对接。

人工智能让广告成为剧中剧

对于爱奇艺、优酷、腾讯视频、芒果 TV 等长视频平台，AIGC 技术的应用为广告营销带来了前所未有的个性化体验。人工智能使创意广告更具新颖性。随着文生图和文生视频工具的成熟，未来许多影视内容的贴片和中插广告甚至可以根据用户当下观看的内容及用户特征即时生成。AIGC 技术的应用使广告内容的生成变得更加动态和实时。

让广告感知情境

芒果 TV 推出的 AIGC HUB 具备文案生成、漫画生成、智能语音生成等多项功能，它还将人工智能二次创作短视频应用在了多个热门影视剧、综艺节目中，累计产出短视频超百万条。长视频平台能够根据当前的流行趋势、用户所处的特定情境，甚至是实时的社会事件，快速生成和推送相应的广告内容。这种基于情境感知的广告推送确保了广告内容与用户当前的观看体验和情感状态相契合，从而提高了广告的吸引力和有效性。更加新颖的广告形式能为用户带来全新的观看体验，同时也为品牌提供了更多元的营销场景。

让内容投放更精准

通过深度学习和大数据分析，长视频能够精准捕捉用户的喜好和行为模式，生成与用户兴趣高度匹配的广告内容。这不仅提高了广告的相关性，也极大地提升了用户的观看体验，使广告不再是单向的信息推送，而成为一种双向的、互动的沟通方式。例如，腾讯视频推出的"如影随形"广告服务，借助人工智能技术以每秒千帧以上的速度读取腾讯内容体系中的亿万帧画面，并通过对场景、台词、人、物、行为的智能分析，可以实现7000多个动态场景分类，识别并筛选出更符合品牌方需求的内容场景进行植入。

爱奇艺的"AI创可贴"在多部热门影视作品中实现了品牌的场景化需求表达。

AIGC技术为国内长视频渠道的广告营销带来了巨大的潜力和可能性，它不仅能够实现"千人千面"的定制化营销，还能够提供更加动态、互动性强、创新性的广告体验。随着技术的不断发展和完善，未来的广告营销将建立更多内容、品牌和用户间的互动机制。通过分析用户反馈，人工智能可以实时调整广告内容，甚至在广告中加入互动元素，如让用户参与广告情节的发展决策，或是通过AR技术让用户与广告内容进行互动。这不仅能增强广告的趣味性，也能提高用户的参与度和对品牌的记忆度。

闭环优化，通过广告智投平台提升全域数字广告投放效能

在数字营销的新时代，闭环优化已成为提升全域数字广告投放效能的关键策略。闭环优化是一种创新的方法，它通过广告智投平台整合广告投放的各个环节，从创意生成、受众定位、广告投放到效果追踪和反馈学习，形成一个连续的、自我完善的循环系统。这一系统利用先进的数据分析和机器学习技术，不断分析广告投放的效果，并根据这些洞察自动调整和优化未来的广告活动，确保每一分广告预算都能产生回报。

在当前的互联网广告领域，增长逻辑正在经历从流量到留量、从粗放式增长向精细化运营的转变。"品效合一"已成为广告主们在营销中的迫切诉求。为了帮助广告主更精准地进行买量，降低拉新成本，提高转化能力，各大媒体

纷纷推出广告实时交易（Real-Time API，RTA）服务，提供实时广告程序接口，让广告主在广告曝光前进行决策，实现广告优选和实时个性化定向。然而，每天来自不同媒体的日均决策流量高达百亿级，广告主在实际广告投放中需要根据营销计划，就不同媒体分别进行频次控制、人群定向、价格控制及策略制定。这一过程中，缺少全域视角的广告投放存在诸多弊端，如无法跨多平台进行频次控制、人群定向依赖媒体定向工具等，这限制了广告主利用自有数据和洞察定位目标受众的能力。此外，固定出价策略缺乏根据市场动态、用户行为和实时数据进行调整的灵活性。这些问题都指向了对闭环优化和广告智投平台的迫切需求。

实现了闭环优化的广告智投平台通过机器学习算法，实时分析和调整广告投放策略，能实现跨平台的频次控制和个性化定向。它不仅能够根据广告主的营销计划和目标受众自动调整出价和投放策略，还能根据实时数据和市场反馈，优化广告创意和投放效果。这种智能化的投放方式，使广告主能更灵活地应对市场变化，提高广告的 ROI，同时为品牌提供更深入的消费者洞察和更高效的市场渗透策略。

总之，闭环优化通过广告智投平台，为广告主提供了一种全新的全域数字广告投放解决方案。它不仅提高了广告投放的精准性和效率，还为品牌在竞争激烈的市场环境中赢得了宝贵的时间和资源。随着技术的不断进步和创新，闭环优化将继续引领数字广告投放的未来趋势，为广告主带来更大的价值。

小知识：RTA

RTA 是一种新兴的广告技术，它允许广告主在广告曝光前进行个性化的投放决策。与传统的实时竞价（Real-Time Bidding，RTB）相比，RTA 提供了更强的灵活性和控制力，使得广告主可以利用自身的数据和模型来优化广告投放策略。

在 RTA 模式下，当用户访问某个网站或应用时，广告平台会向广告主发送一个请求，这个请求包含了用户的身份信息和行为数据。广告主根据自身的数据和模型来判断这个用户的价值，并决定是否参与竞价。如果广告主决定参与，他们会返回一个决策信息给广告平台，广告平台结合这些信息进行预估和优选，最终决定是否展示该广告主的广告。这个过程通常在几十毫秒内完成，以确保用户体验不受影响。

RTA 的出现主要是为了解决广告平台侧数据缺失的问题，尤其是在需要实时个性化定向的场景中。例如，广告主可能希望针对已安装应用程序但不活跃的用户进行激活，但广告平台通常无法提供这样的定向能力。通过 RTA，广告主可以利用自己的数据来决定哪些用户是有价值的，从而实现更精准的广告投放。

RTA 的主要优势如下。

（1）可以精准定向：广告主基于自有数据（或模型）判定每次请求的用户的价值，向广告平台返回"是否参与本次竞价"的决策。

（2）可以实时筛选流量：广告平台实时询问广告主是否参与竞价，并结合广告主的实时回复进行最终流量优选。

（3）数据安全：广告主无须将敏感数据回传给媒体侧，保护了数据隐私。

（4）简化了操作：无须频繁人工调整数据管理平台定向人群，减少了操作成本。

13.4 AI 在广告领域的应用场景

生成式 AI 在广告领域有大量的应用场景，具体如表 13-1 所示。

表 13-1 AI 在广告领域的应用场景

场景	定义
广告智能投放	通过分析用户行为、兴趣和偏好，为广告主提供精确的目标受众定位。这种智能投放策略能够优化广告效果，同时降低广告成本，使广告预算得到更高效的利用
广告创意生成	基于自动生成工具快速生成广告文案、图片和视频。这些工具根据广告主的需求和目标受众，生成具有吸引力、与品牌调性一致的创意素材，从而提高创意生产效率和质量
广告文案撰写	AI 可以自动撰写具有吸引力的广告文案，利用自然语言处理技术生成符合人类阅读习惯的文案，从而提高效率，减轻人力负担
图片与视频广告生成	AI 可以根据广告主的需求和受众特征，自动生成具有吸引力的图片和视频广告
广告精准投放	AI 可以根据用户画像和行为分析，实现精准投放，提升广告效果，减少无效曝光，确保广告内容能够触达最有可能感兴趣的用户群体
竞品广告分析	AI 可以帮助广告主识别、快速收集和分析竞争对手的广告策略、创意和效果，通过对比分析，为广告主提供有针对性的优化建议
广告定制	AI 可以根据用户画像和行为分析，为每个用户提供个性化的广告体验，并通过实时调整广告创意和投放策略，提高用户满意度
广告人群画像	AI 可以通过分析用户的行为数据、购买记录和社交媒体互动等信息，构建详细的用户画像。这有助于企业更好地了解目标受众，制定更精准的营销策略
智能排期与投放策略	AI 可以根据历史数据和实时数据，自动生成和优化广告排期和投放策略。这有助于最大化广告效果，降低广告成本，实现自动化排期，提高运营效率
智能媒体推荐	AI 可以根据广告主的需求和目标受众特征，自动推荐合适的媒体渠道。这有助于提高广告覆盖率，降低媒介购买成本
实时互动	AI 可以实现与用户的实时互动，通过聊天机器人和语音助手等技术，理解用户需求，在对话过程中为用户提供有针对性的广告信息
提供行业效率工具	AI 可以为广告行业提供各种效率工具，如自动报告生成工具、数据可视化工具等。这些工具可以帮助广告主和代理商提高工作效率，降低人力成本

　　总之，AI 在广告领域的应用正变得越来越广泛，它不仅改变了广告的制作和投放方式，还为品牌与用户之间的互动带来了新的可能。随着技术的不断进步，AI 将继续在广告领域发挥更大的作用，为品牌提供更高效、更智能的营销工具，同时也为用户创造更加个性化和丰富的广告体验。

第 14 章

社媒营销场景：从数字分身到矩阵式传播

社媒营销已经成为中国新锐品牌推动自身成长最常采用的营销方式之一。

在社交媒体刚刚兴起时，品牌通过文字、图片和视频分享信息，与他们的追随者建立联系。互动虽然真实、直接，却受限于人的时间、精力和创造力。品牌必须投入大量的人力和资源来监控和分析社交媒体上的数据，但获得的洞察往往是事后的，对策略调整的影响有限。

生成式营销不仅改变了社交媒体的运作方式，还重新定义了品牌和消费者之间的互动的本质。智能算法开始承担起分析和预测的重任，使社交媒体的管理和投放变得更加精细化和自动化。

14.1 快速发展中的社媒营销

在中国，社媒营销伴随着社交媒体的繁荣持续发展，从 20 世纪 90 年代到现在，30 多年间，社交媒体已经从最初只具有社交功能的小媒体，演变为集合社交、内容和电商等服务的综合性平台。聚集庞大用户的各种社交平台，成为企业营销的必争阵地，而社交营销也成为具有完善体系的营销板块。

社媒的定义

社媒，即社交媒体，是指通过互联网或移动通信技术实现人与人之间的交流和信息分享的平台。在中国，社交媒体包括微信、微博、抖音、快手、小红书、知乎、哔哩哔哩、豆瓣等平台，用户可以在这些平台上创建个人资料、分享信息、发布文章或视频，并与其他用户进行互动。

社媒营销的主要作用

随着技术的不断进步和用户习惯的演变，社交媒体已经从简单的交流工具转变为强大的营销平台。它不仅重塑了人们沟通和分享信息的方式，也极大地影响了品牌与消费者之间的互动模式。在这个背景下，社媒营销变得尤为关键，它不仅关系到品牌形象的塑造，还直接关系到市场竞争力的提升。社媒营销的主要作用如下。

获取洞察

社交媒体是获取消费者洞察的重要渠道。品牌可以通过分析用户生成的内容、互动数据和行为模式来获得对用户的深入理解。

用户行为分析：通过追踪用户在社交媒体上的行为，如点赞、评论、分享和点击，品牌可以了解用户的兴趣和偏好。

情感分析：利用自然语言处理技术，可以分析用户评论中的情感倾向，监测用户对于品牌的情绪。

趋势监测：社交媒体是流行趋势的发源地，品牌可以通过监测热门话题来捕捉市场动态。

体验管理

品牌通过社交媒体与用户进行双向互动，提供个性化服务和即时反馈。这种互动性的增强，使得用户体验管理变得更加动态和个性化。

客户服务：通过快速响应用户的询问和投诉，提升用户满意度。

个性化互动：根据用户的行为和偏好提供个性化的内容和推广，提升用户体验。

建立社区：建立品牌社区，鼓励用户参与和分享，形成积极的品牌氛围。

增长管理

社交媒体的发展使得增长管理更精细化，品牌能够以更低的成本实现更快速的用户增长。

精准定位目标受众：品牌能够根据用户的年龄、性别、地理位置、兴趣和行为习惯等多维度数据定制广告。这不仅能提高广告的相关性，还能减少广告预算的浪费。

内容营销的创新：社媒内容不仅包括传统的图文，还包括视频、直播、音频等多种形式。

跨平台协同营销：品牌可以通过在多个平台上同步推广内容，实现跨平台整合营销。

社媒营销的运营

随着社交媒体的多样化和用户行为的复杂化，社媒营销的运营变得更加多维和动态，这要求品牌必须具备敏锐的市场洞察力、创新的内容策略、精准的目标受众定位能力及高效的数据分析技巧。从制定全面的社媒战略到执行具体的营销活动，再到监测和优化活动效果，社媒营销的运营覆盖了品牌在社交媒体上存在的每一个方面。

数据运营

用户数据：收集和分析用户的基本资料、行为数据和偏好数据。

内容表现数据：追踪内容的展示次数、点击率、转化率等关键指标。

竞争对手数据：分析竞争对手的策略，以制订差异化的营销计划。

KOL 运营

KOL 选择：根据品牌定位和目标受众选择合适的 KOL。

合作模式：与 KOL 建立合作关系，确定合作的具体形式和目标。

效果评估：评估与 KOL 合作的效果，包括覆盖范围、用户反馈和销售转化等。这有助于品牌了解与 KOL 合作的 ROI，并为未来的合作提供数据支持。

内容运营

内容策略：制定与品牌定位相符的内容策略，包括主题、风格和发布频率。这有助于品牌在社交媒体上建立一致的形象。

内容创作：创作高质量、有吸引力的内容，包括图文、视频、直播等。内容需要与目标受众的兴趣和需求相匹配，以提高用户的参与度。

内容优化：根据用户反馈和数据分析结果不断优化内容，提高用户参与度和对品牌的忠诚度，包括调整内容类型、风格和发布时间等。

账号管理

账号设置：完善账号资料，包括头像、简介和封面，以提升品牌形象。这有助于吸引用户关注并使用户建立起对品牌的信任。

日常运营：定期发布内容，管理用户互动，维护账号活跃度，包括回复评论、私信和参与话题讨论，以提高用户满意度和忠诚度。

危机处理：及时应对负面评论和危机事件，维护品牌形象。这需要品牌有预先制订的危机管理计划，以及快速响应的能力。

14.2　人工智能接管社媒账号

在社媒营销领域，人工智能的应用为品牌提供了强大的工具，进而提高了营销的效率和精准度，包括自动化的内容发布、用户行为分析和广告投放优化。从技术角度来看，将社媒营销托付给人工智能已成为可能。然而，完全依赖人工智能进行社媒营销可能会忽视营销活动中不可或缺的人性化元素。目前，理想的社媒营销应该融合人工智能的精确性和人类的直觉，以实现更深层次的用户参与和更广泛的品牌影响。

案例：某美妆品牌构建社媒内容洞察—生成—测评闭环智能体

背景：随着小红书等平台的兴起，美妆品牌需要在内容营销上更加精准和高效，以在激烈的市场竞争中脱颖而出。

商业问题：如何在小红书平台上提升图文和视频内容的投放效果？如何基于用户行为和市场趋势制定更精准的内容策略？

挑战：深度分析和理解社交媒体上的内容和用户反馈；快速响应市场趋势和用户需求的变化；优化内容创作流程，提升内容投放的效率和效果。

解决方案：构建社媒内容洞察—生成—测评闭环智能体，涵盖 AI 打标系统、内容策略制定、文案输出及达人推荐。

·AI打标系统：利用先进的自然语言处理和计算机视觉技术，对品牌在社交媒体上的内容进行深度分析和打标。

·内容策略制定：基于美妆行业的趋势和品牌特性，制定个性化的内容策略。

·文案输出：根据内容策略，输出符合品牌调性和目标受众偏好的文案。

·达人推荐：通过数据分析，推荐与品牌匹配的小红书达人，以扩大内容的影响力。

成效：该智能体的处理能力远超人工，将原本一个月的交付时间缩短至一周；品牌获得了一套可立即执行的计划，大大提升了内容投放的效率和效果。

创新点：AI技术的应用显著提高了内容分析和策略制定的速度；基于行业竞争知识库和趋势标签的内容优化指导，为品牌提供了更精准的策略支持；通过成交评估，为品牌提供了数据驱动的决策支持。

结论：通过构建洞察—生成—测评闭环智能体，品牌不仅提升了内容投放的精准度和效率，还实现了与目标受众更深层次的互动。这一成功实践表明，结合先进的AI技术和人类创意的社媒营销策略，能够为品牌带来显著的竞争优势。

通过上述案例，我们可以看到人工智能已经在社交媒体领域发挥了重要作用。生成式人工智能不仅能够进行个性化的内容创作和分发，还能通过智能审核和互动提升用户体验。这表明，人工智能是有能力接管企业社交媒体的，并且已经在实践中取得了一定的成效。

然而，我们也必须注意到，尽管人工智能提供了强大的工具和解决方案，但它并不能完全取代人类。人工智能在社交媒体中的应用应该是辅助性的，要与人类的洞察力和创造力相结合，以实现更有效的社交媒体管理和品牌传播。因此，社媒营销可以托付给人工智能，但这种托付应该处于人类的监督和指导之下。

数字人

数字人，也称虚拟数字人，是通过计算机图形学、人工智能、动作捕捉等技术合成的虚拟形象。数字人不仅复制了人类的外表，更模拟了人类的行为和交流方式，为用户提供了一种全新的互动体验。数字人正在逐渐渗透到我们的日常生活中，从客户服务到娱乐，从教育到医疗，它们的应用场景日益广泛。

案例：女娲造人——从"数字人"到"人"

背景：随着数字人技术的快速发展，越来越多的企业开始探索其在社交媒体领域的应用。

解决方案：女娲数字人平台提供了一种低成本的开播解决方案。企业无须聘请专业主播，只需一台计算机即可启动直播，大大降低了传统直播间的前期投入风险。女娲数字人通过脚本智能体和问答互动，实现了与观众的实时互动。这不仅提高了直播的吸引力，也使得企业能够根据市场反馈快速优化直播内容和策略。这还使得从前以天为单位的优化变为以小时为单位的优化，提高了直播的响应速度和质量。

成效：成本从每年的 50 多万元降至每年 3 万～5 万元，经营效率显著提升。

结论：数字人不仅降低了企业直播的运营成本，也提高了直播内容的吸引力和市场响应速度。

通过上述案例，我们可以看到数字人正成为社交媒体领域的重要力量。这些实践不仅展示了数字人技术的进步，也体现了社交媒体对于数字人应用的积极探索和创新。随着技术的不断发展，数字人有望在未来的社交媒体中扮演更加重要的角色，为用户带来更加丰富的体验。

案例：数字人"刘强东"直播带货

背景：自 2023 年以来，数字人直播带货已成为新趋势，数字人能够 7×24 小时工作，帮助企业降低成本并提高效率。

解决方案："采销东哥"数字人，以京东创始人刘强东为原型，在京东家电家居、京东超市采销直播间进行了直播带货。这款数字人的语言风格贴近生活，同时模仿刘强东的标志性动作，形象生动且性格鲜明。京东计划推出超过百位企业总裁数字人，以满足市场对于新鲜、有趣、有料的直播内容的需求。

成效：直播开始不到 1 小时，直播间的观看量超过了 2000 万，这显示出"采销东哥"极大的吸引力。在 40 分钟的直播中，订单量突破了 10 万，证明了数字人在直播带货中的有效性。"采销东哥"的直播首秀获得了积极的市场反响，为京东带来了显著的销售增长。

结论：通过模仿知名企业家的形象和风格，数字人不仅吸引了大量观众，还获得了显著的销售业绩。这一实践证明了数字人能够在电商领域提供创新的营销解决方案，为品牌降本增效开辟新途径。

14.3 矩阵式社媒建设

矩阵式社媒建设是一种多维度的社交媒体战略，它要求品牌在多个社交平台上建立和维护一致而协调的形象，通过定制化的内容策略和精准的目标受众定位来最大化每个平台的潜力，同时保持品牌信息和视觉元素的一致性。这种策略涉及积极与用户互动、收集反馈，并利用数据分析工具来监测和评估社媒活动的效果，以便实现数据驱动的决策。它还包括在多个平台上建立危机应对机制，以及根据市场趋势、用户行为和技术发展不断优化社交媒体矩阵，从而增强品牌的在线影响力，提高用户参与度，并推动品牌目标的实现。

案例：环球网校基于小红书平台的 KFS"种草"策略

背景：环球网校，一个致力于在线教育的平台，面临着如何在新媒体平台上提升品牌影响力和进行有效市场营销的挑战。他们选择了小红书这一社交平台，希望通过 KFS（KOL Feeds Search）来"种草"，即通过影响者营销来推广其产品和服务。

解决方案及成效：环球网校在 2024 年上半年开始在小红书平台进行营销，通过 2 人团队和讯飞绘文工具的辅助，实现了账号矩阵的快速建设。在短短半年时间内，其运营超过 50 个矩阵账号，发布超过 2000 篇笔记，头部账号的平均单篇笔记赞藏数高达 2935。这一案例成功展示了非专业团队如何通过工具赋能，实现品牌曝光和"种草"。

结论：通过合适的工具和策略，即使是非专业团队也能有效地进行品牌形象塑造和内容营销。讯飞绘文作为这一过程中的关键工具，不仅帮助环球网校提升了内容创作的效率，还强化了内容的记忆点，为环球网校在新媒体平台上的成功铺平了道路。

矩阵式社媒建设不仅仅是在多个平台上简单地发布内容，而是要实现内容策略、目标受众分析和跨平台协同。这种系统化的方法使品牌能够更有效地与用户沟通，提升用户忠诚度，并最终推动业务增长。随着社交媒体格局的不断演变，矩阵式社媒建设将继续为品牌提供强大的工具，以帮助品牌适应新的市场趋势，把握机遇，并在竞争激烈的数字领域中保持竞争力。

14.4 AI 在社媒营销中的应用场景

AI 在社媒营销中的应用场景如表 14-1 所示。

表 14-1 AI 在社媒营销中的应用场景

场景	定义
图文内容生成	AI 可以根据品牌要求、当前热门话题、趋势，以及目标受众的兴趣，自动生成吸引人的图文内容，帮助企业提高社交媒体内容质量和生产效率
投流自动化	AI 可以根据用户行为和偏好，自动调整社交媒体上的广告投放和内容推送策略。这有助于提高广告和内容的曝光率、互动率和转化率
智能洞察	AI 可以分析社交媒体上的数据，为企业提供用户画像，进行用户行为分析、兴趣和需求洞察，帮助企业制定更精准的营销策略
舆情管控	AI 可以实时监测社交媒体上的舆论动态，及时发现潜在危机，并提供相应的建议，从而有助于企业维护品牌形象和声誉
内容合规管理	AI 可以自动检测社交媒体内容中的敏感信息、违规行为等，确保内容符合相关法律法规和平台规定，降低企业合规风险
个性化互动	AI 可以根据用户画像和行为数据，为用户提供个性化的互动体验，如智能问答、推荐等，提高用户满意度和参与度
互动游戏	AI 可以在社交媒体上生成吸引人的互动游戏，提高用户参与度和增加用户黏性
数字人直播	AI 可以生成数字人进行直播，为用户提供新颖体验
内容智能推荐	AI 可以根据用户画像和行为数据，为用户推荐感兴趣的内容，促进内容的互动和转化
消费者圈层洞察	AI 可以按企业指定要求和范围，分析社交媒体上不同圈层的消费者数据，为企业提供有关消费者偏好、需求和行为的洞察
UGC 筛选优化	AI 可以自动识别和筛选出高质量的 UGC，供企业用于营销活动；还可以对 UGC 进行优化，如自动生成摘要、关键词或缩略图等
短视频生成	AI 可以根据用户兴趣和趋势，自动生成吸引人的短视频内容，提高短视频营销的内容质量和生产效率

（续表）

场景	定义
搜索算法优化	AI可以通过分析用户行为和兴趣，优化社交媒体的搜索算法，为用户提供更精准的搜索结果
内容流程优化	AI可以帮助企业优化社媒营销中的内容生产和发布流程，提高工作效率和质量
数据自动分析	AI可以自动分析社交媒体上的数据，为企业提供有关用户行为、兴趣和需求的报告，这有助于企业了解市场动态和调整营销策略
KOL识别与推荐	AI可以分析社交媒体数据，按指定的要求和范围，识别出具有高影响力，并且与品牌匹配度高的KOL推荐给企业

第 **15** 章

内容营销场景：从创意到新美学

　　内容营销是目前企业最重视的营销形式之一。多模态内容的发展标志着品牌与消费者的交互从单一感知向多元化感官体验转变。从创意构思到美学表现，多模态内容正以其独特的魅力和强大的影响力，重塑着人们对信息传递和艺术表达的认知。

　　人工智能已经成为艺术家、设计师、作家和创意工作者的强大伙伴，其多模态内容能力不仅极大地扩展了创意表达的范畴，也为内容的美学价值增添了新的维度。

15.1　多模态内容能力

人工智能的多模态内容能力，是指其能够处理和理解多种类型的信息，包括文本、图像、语音和视频等。人工智能可以通过自然语言处理技术将文本转化为可理解的形式，并且可以分析和提取其中的关键信息。对于图像和视频，人工智能可以利用计算机视觉技术进行分析和识别，提取出其中的对象、场景和特征等信息。同时，人工智能还可以通过语音识别和语音合成技术处理和生成语音内容。

人工智能借助其多模态内容能力，可以为用户提供更加全面和多样化的服务，帮助用户更好地处理和理解不同类型的信息。人工智能的多模态内容能力在实际中有着众多的应用场景，如智能图像识别和搜索，人工智能可以分析和识别图像中的对象、场景和特征，并根据用户的需求提供相关的信息和资源。

案例：生成式营销让马拉松的每一位参赛者都是主角

背景：马拉松作为一项重要的体育赛事，一直在寻求提升参赛者体验和赛事影响力的新方法。随着科技的发展，AI技术的应用成为提升赛事互动性和观赏性的关键。

商业问题：如何利用技术创新为参赛者提供个性化的赛事体验，同时提升赛事的吸引力和媒体曝光度？

挑战：将AI技术集成到赛事直播中，实时捕捉并生成每一位参赛者的个性化短视频，同时确保视频的质量和参与者的满意度。

解决方案：凯利时全新的智能在线包装系统让马拉松直播变得鲜活。根据实时直播情况，该系统使用多视窗交代赛事进程，解说赛场情况，结合卫星导航定位系统实时展示参赛者位置，通过航拍展示城市特色美景，配合主持节奏灵活调整拍摄。该系统还能批量化快速制作精彩集锦，为参赛者制作纪念视频，参赛者完赛后即可下载。同时，该系统还能自动识别参赛者并展示其信息，如姓名、地区、组别、往届成绩、配速、位置、预测完赛时间等。

创新点：利用 AI 技术使营销传播、赛事、内容深度融合，实现观众、参赛者、赞助商三方的共赢。观众观看马拉松直播更具有趣味性、知识性；参赛者无论名次如何，都会被关注到；赞助商则能通过参赛者展示其服饰、装备等产品。

成效：该系统至今已经为 110 多场马拉松比赛、超过 71 万名参赛者制作了自己的短视频，显著提升了赛事的观赏性和参赛者的参与感。产品付费转化率超过 20%。如果由赛事方或者赞助商制作并直接分发给参赛者，那么短视频浏览量是参赛者自己发布的短视频的浏览量的 5 倍。在高参与、高浏览的情况下，赞助商获得了更多的曝光机会。

结论：马拉松通过引入 AI 技术，成功提升了赛事的观赏性和参赛者的个性化体验。这项"赛场黑科技"不仅为参赛者留下了珍贵的参赛影像，也为赛事的宣传和推广提供了新的动力。

案例：脑电眼动模型在多模态广告分析中的应用

背景：在广告行业中，准确评估广告素材的效果对于制定有效的市场策略至关重要。传统的分析方法往往依赖问卷调查和观众反馈，这些方法耗时且可能不够客观。随着脑电眼动技术的发展，一种新的多模态广告分析方法应运而生，它结合了生理数据和行为数据，为广告效果分析提供了新的视角。

商业问题：如何在广告投放前准确预测广告素材的吸引力和记忆度？如何优化广告素材以提升其效果？

挑战：整合脑电波和眼动追踪数据，创建一个能够实时分析广告素材影响力的工作流程，并确保分析结果的准确性和可靠性。

解决方案：秒针明敬广告脑电眼动模型通过结合AI技术和多模态数据分析，为广告主提供了一种高效、低成本的广告效果分析与预测工具。

·数据收集与模型训练：利用大量真实广告测试素材及脑电眼动数据训练AI大模型，使其能够模拟不同人群的广告观看习惯和兴趣爱好。

·模型集成与应用：脑电眼动模型可以集成到在线视频页面中，视频网页加载完成后，即可启动面向不同人群的算法分析。

·分析与反馈：系统展示视频广告的整体分析指标，以及细化到每个分镜的受众模拟主观指标，包括认知投入、情绪识别、眼动比例等；同时输出主观指标波动的曲线图，以便于研究人员判断不同分镜的质量，并指导创意或剪辑精华内容的调整。

·效果预测：模型还能根据视频内容输出指标评估依据，预测广告效果。

成效：使用脑电眼动模型的多模态广告分析方法，通过生理和行为数据的结合，提高了广告效果预测的准确性。根据分析结果，广告主可以有针对性地优化广告素材，提高广告的吸引力和记忆度。

结论：脑电眼动模型的多模态广告分析案例展示了如何利用先进的技术改变传统的广告素材分析工作流程。这种方法不仅提高了分析的客观性和准确性，还为广告主提供了更深入的洞察，帮助他们制定更有效的市场策略。随着技术的进步，预计这种方法将在广告分析领域得到更广泛的应用。

从提升马拉松直播的观看体验到改变广告素材的分析工作流程，这两个案例不仅展示了人工智能在处理和理解多种信息类型中的潜力，也体现了其在创造个性化和沉浸式体验中的核心作用。人工智能的多模态内容能力正推动着媒体、广告、体育和娱乐等行业不断创新，为更多用户带来前所未有的互动和参与感。

15.2　闭环的内容运营流程

多模态内容生成的闭环优化是一个循环过程，涉及创建、分析、评估和优化多模态内容等流程。关键步骤包括利用人工智能生成多种模态的内容，将生成的内容通过不同的渠道分发给目标用户，收集用户与内容互动的数据（如观看时间、点击率、转化率等），分析收集到的数据进而评估内容的表现，根据分析结果对内容进行优化，将优化结果反馈到内容生成阶段，从而改进内容策略。这个闭环优化的目的是提升内容的相关性、用户参与度和整体营销表现。

通过实施多模态内容运营的闭环优化，品牌能够实现内容策略的持续优化和精准定位。这种循环不仅能提高内容与用户需求的匹配度，还能增强内容的吸引力和影响力。随着每一次迭代，品牌可以更深入地理解其目标受众，从而创造出更具吸引力和参与性的内容。最终，这种闭环优化将引导品牌走向一个更加智能和个性化的内容营销新时代。其中，内容不仅能够满足用户的即时需求，还能够预测并塑造用户的长期偏好。这种以数据为驱动、以用户为中心的方法将成为品牌在竞争激烈的市场中获得成功的关键。

15.3 内容营销的智能体模式

多模态内容的创作和分发已经成为品牌与用户沟通的重要方式。人机协同在这一领域扮演着越来越关键的角色，它涉及人类创作者的创意与人工智能的处理能力的深度融合。

人类的直觉、情感和创新思维与人工智能的数据处理、模式识别和自动化能力相结合，这种结合即是人机协同。人机的高效协同不仅能够提升工作效率，还能够拓展我们对可能性的认知边界。

在人机协同过程中，人类负责提供方向、灵感和价值判断，机器则利用其强大的计算能力来处理复杂的数据、生成创意原型，并执行重复性任务。通过这种方式，人类的创造力得到了延伸，机器的智能获得了发展方向和应用场景。这种协同工作模式要求我们重新思考创意过程中的每一步——从概念的生成到最终的执行。

为了更好地实现人机协同，我们需要建立一个双向的学习环境，其中，机器学习人类的创造力，而人类则从机器的分析中获得新的见解。这需要我们开发智能工具和协作平台，使人类和机器能够无缝地共享信息和协作项目。

案例：人机协同挑战创意美学

背景：随着短剧成为2023—2024年的内容趋势，中国短剧市场规模预计达到500亿元。AI在影视领域的应用逐渐成熟。

商业问题：在短剧市场快速增长的背景下，如何利用AI降低制作成本、提高生产效率，同时保持内容的高质量和创新性？

挑战：整合AI完成从创意构思到最终制作的全流程，以及保证内容的叙事复杂性和视觉美感。

解决方案：央视频、中央广播电视总台人工智能工作室联合清华大学新闻与传播学院元宇宙文化实验室合作推出了"中国神话"系列，包括《补天》《逐日》《奔月》《填海》《治水》《尝百草》6集。该系列采用AI进行全流程创作，大幅缩减了时间和资金成本。

该项目的创新点如下。

（1）利用AI进行全流程创作："中国神话"系列的美术、分镜、视频、配音、配乐全部由AI完成，实现了AI在影视应用中的突破。

（2）叙事复杂性：另一部全AI化生产的短剧《白狐》展示了AI在复杂化、多线程叙事中的应用。

（3）视觉美感提升：东方美学短剧《华裳》在技术上的突破，使得人物在近景能张口说话，提升了细节质感和视觉美感，突破了人物交互对话的技术限制。

成效：时间和资金成本大幅缩减，《白狐》从策划、制作到上线不到两个月时间，每分钟成本约1万元，远低于市场实现类似效果每分钟约10万元的成本。画面转场自然度和场景一致性都有显著提升，进一步提高了AI短剧的整体质量。

人类的创造力与人工智能的结合，不仅仅是技术进步的必然趋势，更是未来发展的关键所在。这种协同工作模式不仅极大地提升了内容创作的效率和质量，更重要的是，它拓展了我们对可能性的想象，激发了创新的火花。在这一过程中，我们见证了人类与机器如何共同解决问题，如何相互启发，以及如何一起创造出打破单一能力边界的成果。

随着技术的不断进步，人机协同的潜力正被逐步挖掘。AI 的算法和模型正在变得更加精准和灵活，而人类的直觉和创造力也在不断地被挑战和提升。这种双向的互动和学习，不仅推动了技术的发展，也促进了人类认知的深化。我们开始意识到，人机协同不仅仅是一种工作方式的改变，更是一种思维方式的革新。

在未来，人机协同将在更多领域展现其独特的价值。从艺术创作到科学研究，从商业决策到社会管理，人类与机器的合作将不断拓宽创新的边界。这种合作不仅能够提高工作效率，还能够带来更深层次的社会和文化变革。最终，人机协同将引领我们走向一个更加智能、更加互联、更加富有创造力的未来。在这个未来中，人类的创造力将得到前所未有的释放和扩展，而机器的智能将成为我们探索未知世界的强大助力。

内容生产和运营的智能体

生成式营销与内容的结合，是绝大多数企业进入生成式营销领域的起点，它能快速为企业带来营销效果和商业价值。对于企业而言，内容是最容易应用人工智能，构建内容生成和内容运营智能体的板块（见图 15-1）。

通过人工智能，企业可以构建起一个内容生产和运营的智能体。这个智能体能够以真实世界中的消费者声量（Voice of Consumer，VOC）为起点，通过人机协同的方式，对消费者的声量进行深入洞察。这种洞察不仅包括对消费者需求的理解，还包括对市场趋势的把握和对竞争对手动态的分析。

在人工智能的辅助下，企业可以进行大规模的多样性内容生产。这些内容覆盖不同的主题、风格和形式，可以满足不同消费者群体的偏好和需求。生产出的内容在上市前会经过严格的筛选，以确保其最优性和合规性。在这一过程中，人工智能的应用可以大大提高内容筛选的效率和准确性。

选定的内容可以由渠道员工或 KOL/KOC 在此基础上进行调整，以增强内容的个性和吸引力。随后，这些内容将进入人工智能内容分发环节，分发对象包括渠道员工（例如线下门店的销售人员）、KOL/KOC 等。通过这种方式，内容可以更精准地触达目标消费者群体。

内容分发后，人工智能可以对整个过程进行监测，收集效果数据用于内容评估。这种评估不仅涉及内容的点击率、转化率等定量指标，还涉及消费者反馈、品牌影响力等定性指标。评估结果将反馈到多样性内容生产环节，以指导人工智能产出更优质的内容。

此外，所有的监测和评估结果都将积累在内容知识库中，为企业后续的多样性内容生产提供知识资产。这些知识资产可以帮助企业更好地理解消费者行为，优化内容策略，提升内容营销的效果。

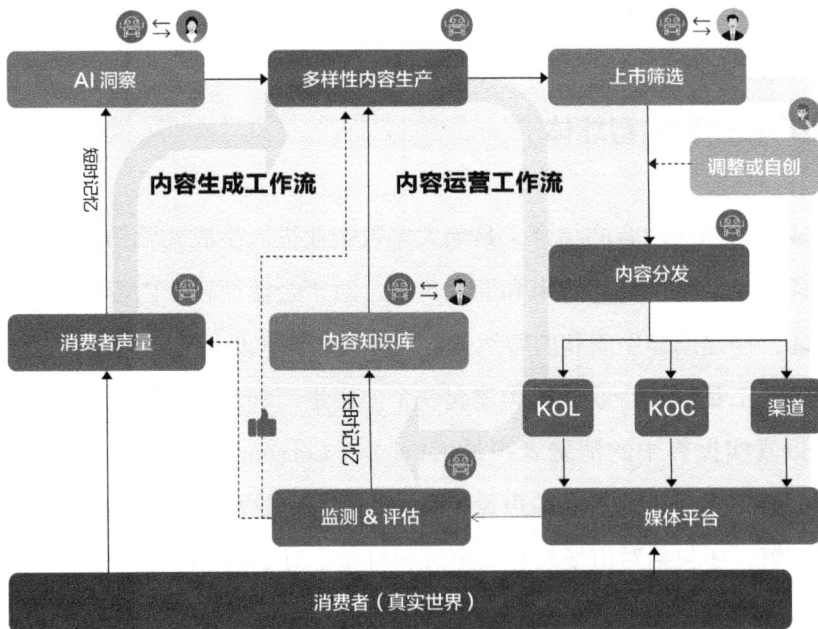

图 15-1　内容智能体

资料来源：根据谭北平、金立印等人编写的 2024 年《生成式营销产业研究蓝皮书》中的内容设计而成。

总之，生成式营销与内容的结合，不仅能够为企业带来即时的营销效果和商业价值，而且能够通过人工智能的应用，实现内容营销的持续优化和创新。这种结合是企业在数字化转型过程中的重要一步，也是企业构建未来竞争力的关键。

15.4　AI 在内容营销中的应用场景

生成式营销不仅局限于自动化内容创作，它还涉及利用人工智能的能力来预测消费者需求，并在多个接触点上为消费者提供定制化的互动。这种营销方式使得品牌能够在图片生成、短视频生成、音频生成、剧本生成等众多场景中，以前所未有的速度和规模，创造出吸引人、相关性强且效果显著的内容。随着技术的进步，生成式营销正在拓展到更多的领域，如增强现实体验、虚拟试穿、个性化推荐系统等，为消费者提供更加丰富和沉浸式的体验（见表 15-1）。

表 15-1　AI 在内容营销中的应用场景

场景	定义
内容标签化	AI 可以自动分析图文和视频内容，为其生成相关的标签或关键词，这有助于内容分析洞察，提高内容搜索引擎排名和用户发现度
图片生成	基于生成对抗网络等技术，AI 可以生成高质量的图片，用于广告、宣传等营销活动，降低设计成本
文字生成	AI 可以根据给定的主题和关键词自动生成文章、广告文案等营销内容，提高内容生产效率
内容分析	AI 可以分析用户对特定内容的反应，为营销团队提供有关哪些内容更受欢迎的数据支持
短视频生成	AI 可以根据给定的素材和场景自动生成短视频，用于多种营销渠道
音频生成	AI 可以合成人声、音乐等音频元素，用于制作广播、播客等营销内容
剧本生成	AI 可以根据给定的主题和角色自动生成剧本，为视频广告、微电影等营销活动提供创意支持

（续表）

场景	定义
内容监测	AI可以根据指定的范围和要求，实时监测网络上的内容，发现潜在的负面舆论或侵权行为，监测竞品内容趋势，帮助企业及时采取行动
网站智能开发	AI可以根据企业需求自动设计和构建网站，帮助企业在官网、线上店铺等的建设中提高开发效率
跨国（地区）内容生成	AI可以根据不同国家和地区的文化、语言习惯自动生成相应的营销内容，有助于企业在全球范围内拓展业务
互动海报生成	AI可以根据给定的主题和素材自动生成海报，节省设计成本和时间
虚拟模特	AI可以生成虚拟模特，用于展示商品、拍摄广告等营销活动，降低成本并实现个性化展示
品牌个性内容生成	AI可以根据品牌特点和目标受众生成具有品牌个性、符合品牌调性的营销内容，提高品牌认知度，提升品牌形象和吸引力
内容翻译	AI可以自动将营销内容翻译成多种语言，帮助企业拓展全球市场

16.1 电商场景的发展

第 **16** 章

电商场景：深度理解与满足顾客

随着互联网技术的飞速发展，电商已经成为全球经济中不可或缺的一部分。然而，在这个竞争激烈的市场中，传统的电商模式正面临着前所未有的挑战。消费者期待更加个性化、便捷和智能的购物体验，而企业则在寻求更高效的运营方式以保持竞争力。

生成式营销与电商的结合将进一步拓展企业深度理解与满足顾客的能力。这些洞察不仅能帮助企业更好地理解消费者行为，还能够预测市场趋势、优化库存，甚至在某些情况下，实现自动化决策。生成式营销时代的电商流程变革，不仅仅是技术层面的升级，更是商业模式和消费者体验的全面革新。

16.1 电商的创新发展

电商作为数字经济的重要组成部分，在全球信息技术飞速发展的当下，已经成为推动经济增长的重要引擎。随着数字技术的不断创新和应用，电商行业展现出前所未有的特征与趋势，从平台电商到社交电商、兴趣电商、线上到线下（Online To Offline，O2O）电商，不断演变和扩展。

平台电商

平台电商是指通过一个在线平台，让商家和消费者可以直接进行交易的电子商务模式。在这种模式下，平台本身不拥有商品，而是提供交易的场所和服务。淘宝、京东、天猫、唯品会等平台电商通过构建庞大的在线市场，连接商家和消费者，极大地促进了商品的流通和交易。

社交电商

社交电商依托社交网络平台，通过社交交互和UGC来推动商品的发展和购买。这种模式强调社交关系和内容的影响力，以"货找人"为核心。拼多多就是社交电商的典型代表，它通过社交关系、娱乐游戏和数据驱动的模式实现了快速增长。

兴趣电商

兴趣电商指基于消费者兴趣和偏好，通过个性化推荐算法来展示商品的电商模式。在这种模式下，平台根据消费者的行为和偏好推荐相关商品，提高购买转化率。小红书和抖音等平台通过内容和兴趣推荐，成为兴趣电商的代表。它们通过内容营销和算法推荐，激发消费者的购买兴趣，实现商品的精准推送。

O2O 电商

O2O 电商是指消费者在线上平台进行服务筛选、交易，然后在线下实体店体验和享受服务的电商模式。美团和饿了么是 O2O 电商的典型代表，它们通过线上平台连接消费者和线下服务提供商，提供餐饮、出行、住宿等服务的在线预订和线下体验。

16.2　电商消费者的行为趋势

随着电商的发展，消费者价值也在发生变化。从计划购买到体验购买，从人找货到货找人，决策链条的前后延伸，以及数据技术的关键推动，都在重塑消费者的购物体验。

从计划购买到体验购买

在传统电商模式中，消费者的购买行为往往是具有计划性的。消费者的购买行为通常开始于消费者对特定商品或服务的需求识别。例如，消费者可能会花费数周甚至数月的时间研究不同品牌和型号，比较价格和功能，以确保购买的商品能够满足他们的具体需求。这种购物方式强调的是理性分析和功能性需求的满足。

随着技术的进步和消费者需求的变化，电商开始重视提供更加丰富和便捷的购物体验。体验购买时代的特点是消费者越来越重视购物过程中的体验，而不仅仅是商品本身。电商平台不再仅仅是交易的场所，而是成了提供综合购物体验的平台。

从人找货到货找人

在传统电商模式中，消费者处于主动地位，他们根据自己的需求在电商平台搜索和选择商品，这是一个"人找货"的过程。然而，随着大数据、人工智能和社交媒体的兴起，现代电商已经开始转向"货找人"的模式。在这种模式下，平台通过分析消费者的行为数据、偏好和社交互动，识别并预测消费者的潜在需求，然后主动向他们推荐商品。这种转变不仅提升了购物的便捷性和个性化程度，也使得商家能够更精准地触达目标消费者，实现更有效的市场营销。"货找人"的模式的出现标志着电商行业从传统的商品展示和搜索模式向为消费者提供个性化的服务的模式转变。这不仅改变了消费者的购物习惯，也为电商平台和品牌商带来了新的增长机遇。

决策链条的前后延伸

在传统电商模式中，消费者的决策过程相对简单，通常集中在商品选择和价格比较上。然而，随着电商的发展和消费者行为的变化，决策链条已经向前、后两个方向延伸，变得更加复杂和多维。

向前延伸，决策链条涉及消费者在实际购买之前的所有触点，包括品牌意识的建立、商品信息的搜集、消费者评价的阅读，以及通过社交媒体和内容平台对商品的兴趣培养。在这个阶段，广告、内容营销、KOL 推荐和 UGC 等手段在塑造消费者的认知和偏好中扮演着越来越重要的角色。

向后延伸，决策链条包括购买后的体验分享、商品评价、复购决策及口碑传播。在这个阶段，消费者的满意度和忠诚度对品牌形象和长期销售有着深远的影响。消费者通过在线评价、社交媒体分享和推荐等方式，不仅能影响其他潜在消费者的购买决策，也能为品牌提供宝贵的反馈，帮助品牌改进商品和服务。

数据技术的关键推动

随着大数据、人工智能、机器学习等技术的进步，电商平台能够更深入地洞察消费者行为，预测市场趋势，并实现个性化营销。这些技术的应用不仅提高了运营效率，降低了成本，还极大地提升了消费者体验，使得购物更加便捷和个性化。

数据技术通过分析消费者的历史购买记录、浏览习惯、搜索偏好等数据，可以帮助电商平台为每一位消费者提供定制化的购物体验。这种精准的数据分析能力，能够将消费者可能感兴趣的商品主动呈现在他们面前，从而提高转化率和消费者满意度。

此外，数据技术在供应链管理、库存优化、价格策略等方面也发挥着关键作用。通过实时分析市场数据和消费者反馈，电商平台能够快速响应市场变化，调整库存和定价策略，以适应不断变化的市场需求。

16.3 前置化满足消费者

电商 AI 导购助手

在电子商务的快速发展中，消费者的购物体验已成为决定品牌能否成功的关键因素。电商 AI 导购助手作为这一变革的先锋，正在重新定义消费者的购物方式。这些智能系统通过高级数据分析，能够理解消费者的个性化需求，并提供定制化的商品推荐，从而提升购物的便捷性和消费者满意度。

电商 AI 导购助手的核心竞争力在于其个性化推荐系统。利用机器学习和消费者行为分析，该系统能够识别消费者的偏好，并快速筛选出符合其需求的商品。这不仅节省了消费者的时间，也提高了购物效率，使得每一次点击都可能转化为满意的购买。

此外，电商 AI 导购助手通过自然语言处理技术，实现了与消费者的人性化交互。它们能够理解和回应消费者的查询，提供实时的购物建议，为消费者解答疑问，甚至在处理退货和换货等事宜上为消费者提供帮助。这种交互方式不仅能提升消费者体验，也能提高消费者对品牌的信任和忠诚度。

电商 AI 导购助手还具备市场洞察能力，通过收集和分析消费者反馈和行为数据，可以为商家提供宝贵的市场洞察。这些洞察能够帮助商家更好地理解消费者需求和市场趋势，从而制定更有效的营销策略和产品开发计划。

电商 AI 导购助手正成为电商平台提升消费者忠诚度和转化率的重要工具。它们不仅提升了消费者的购物体验，还为商家提供了数据支持，帮助他们在竞争激烈的市场中保持领先地位。

案例：电商 AI 导购助手推进 AI+ 消费的应用落地

背景：随着 AI 的不断进步，电商行业开始探索将 AI 应用于购物助手和推介功能，以提供更加智能化和个性化的购物体验，以及全面的消费建议，这标志着 AI 导购助手在电商领域的进一步应用和发展。

商业问题：如何在竞争激烈的市场中提供差异化的服务，以吸引和留住用户，同时提高转化率和用户满意度？

解决方案：AI 导购助手提供了一种新的解决方案，即通过个性化推荐和智能比价等功能，帮助用户做出更明智的购物决策。值得买科技推出的"小值"通过对话式交互，深度理解用户需求，并结合全网实时消费经验和价格信息，为用户提供口碑总结、商品对比、推荐和比价服务。抖音电商的"AI 购物小助手"、淘宝的"淘宝问问"和京东的"京东京言"等也采用了类似的策略，通过 AI 提升用户的购物体验。

创新点：利用大语言模型和自然语言处理技术，实现更精准的用户需求理解；结合实时数据分析和全网比价，提供性价比高的商品推荐建议；通过用户评价，提供场景化的购物建议，增强购物体验的个性化。

成效："小值"自上线以来，日均访问量在 3000 次以上，次日留存率平均提升 10% 以上，这显示出其在提升用户留存率和满意度方面的显著效果。抖音电商的"AI 购物小助手"也在灰度测试中收获了积极的用户反馈。

结论：AI 导购助手在电商领域的应用，不仅提高了用户的购物决策质量和效率，也为电商平台带来了更高的用户留存率和满意度。

改造直连消费者电商

直连消费者（Direct-to-Consumer，DTC）电商，即品牌直接通过在线平台向消费者销售商品，省去了中间环节，提高了效率，同时也为消费者带来了更直接、更个性化的购物体验。

时至今日，从以小米为代表的自建商城系统的 1.0 时代，到御泥坊、三只松鼠为代表的依托电商平台的 2.0 时代，再到以完美日记、HFP、植观依靠社交媒体的 3.0 时代，以直播为依托的 4.0 时代，许多新兴品牌和小型企业都采用了 DTC 模式来直接与消费者建立联系。同时，一些传统品牌也开始转型，采用 DTC 模式来适应市场变化。

然而，随着市场竞争的加剧和消费者需求的多样化，DTC 电商亟须通过创新来改造和升级其业务模式。运用人工智能，DTC 电商可以在多个层面上进行改造，从而提升消费者体验，提高消费者忠诚度，并最终推动业务增长。

首先，人工智能可以通过个性化推荐系统来提供定制化的购物体验。通过分析消费者的购物历史、浏览习惯和偏好，人工智能能够推荐更符合其个人喜好的商品，从而提高转化率和消费者满意度。

其次，智能客服和聊天机器人可以提供 7×24 的即时响应，解答消费者问题，提供购物建议，提高客户服务的效率和质量。这不仅能提升消费者体验，还能减轻客服团队的工作负担。

再次，人工智能在库存管理和供应链优化方面也发挥着重要作用。通过预测市场需求，人工智能能帮助企业优化库存水平，减少货物过剩或缺货的情况，从而提高供应链的效率和响应速度。

人工智能还能够在数据分析方面提供支持，通过处理和分析大量的消费者数据，为电商提供深入的消费者行为洞察。这些洞察可以帮助企业制定更有效的营销策略和商品开发计划，从而更好地满足消费者的需求。

在营销自动化方面，人工智能可以自动化执行电子邮件营销、社交媒体广告等营销活动，优化广告内容和投放时间，提升广告效果和投资回报率。

最后，人工智能还可以帮助 DTC 电商实现多渠道整合，提供无缝的购物体验。无论是通过网站、移动应用还是社交媒体，消费者都能获得一致且个性化的购物体验。

案例：新锐品牌如何用人工智能提升 DTC 体验

背景：ThirdLove 是一个内衣品牌，它通过直接与消费者互动，利用 AI 技术深入了解消费者需求，从而提供创新的产品和服务。

挑战：如何在缺乏线下体验的情况下，准确为消费者匹配内衣尺码，并推荐合适的商品？

解决方案：ThirdLove 开发了一款 AI 工具，帮助消费者在线上测量和匹配内衣尺码。此外，ThirdLove 还利用数据技术进行消费者洞察，研发出半码内衣，以满足不同消费者的需求。

创新点：借助 AI 工具，消费者可以自行测量，获取个性化的内衣尺码推荐建议，提升线上购物的准确性。通过 AI 洞察，ThirdLove 创新性地提供介于标准尺码之间的内衣，以满足更多体型的消费者的需求，提高消费者满意度。

成效：ThirdLove 通过数据驱动的洞察，能够更准确地预测市场趋势，减少库存积压，提高消费者忠诚度和品牌的市场竞争力。

结论：ThirdLove 通过创新的 DTC 模式，利用数据技术和 AI 工具，成功解决了线上内衣购物的尺码匹配问题，提供了个性化的购物体验。这种以消费者为中心的方法不仅提高了消费者满意度，也为品牌带来了持续的增长和市场竞争力。

16.4 AI 在电商中的应用场景

AI 在电商中的应用场景如表 16-1 所示。

表 16-1 AI 在电商中的应用场景

场景	定义
虚拟模特	AI 可以生成虚拟模特，用于展示服装、饰品等商品，这可以节省拍摄成本，提高效率，实现个性化展示，满足不同消费者的审美需求
智能数字人客服	基于 AI 的聊天机器人可以提供 7×24 小时在线服务，包括解答疑问、推荐商品等，这有助于提高消费者满意度，降低客服成本
智能运营提效	AI 可以分析电商店铺的消费者行为数据，为电商运营团队提供智能化建议，这有助于提升运营效率和效果
虚拟主播	AI 可以生成虚拟主播，用于电商的直播销售、商品介绍等场景。这可以节省人力成本，提高直播效率，并实现个性化互动
智能商品推荐	AI 可以根据消费者的购买历史、浏览行为等数据，为消费者推荐相关商品。这可以提高购买转化率和消费者满意度
数据监测	AI 可以实时监测电商平台上的各项数据，如销售额、流量、转化率等。这有助于运营团队及时发现问题，调整策略
人群画像	AI 可以根据消费者行为数据，为电商平台生成精细化的消费者画像，帮助运营团队更精准地进行营销活动设计和商品推荐
店铺设计	AI 可以根据消费者行为数据和设计趋势，为电商店铺提供个性化的页面设计建议。这有助于提升消费者体验
智能选品	AI 可以根据市场趋势、消费者需求等数据，为电商平台自动筛选热销商品。这可以提高商品销售额和满足消费者需求
页面优化	AI 可以分析消费者在电商平台上的行为数据，为运营团队提供页面布局、导航、颜色等方面的优化建议。这可以提升消费者体验和购买转化率
电商数据分析	AI 可以对电商平台上的大量数据进行深度分析，为运营团队提供有价值的洞察和建议。这可以助力提升运营效率和效果
订单管理系统	基于 AI 的订单管理系统可以实现订单处理的自动化，如自动分配仓库、优化物流路线等。这可以提高订单处理速度和降低物流成本
自动发布上架	AI 可以根据商品信息和电商平台规则，自动生成商品详情页并自动上架商品。这有助于提升商品上架速度和效率
价格优化	AI 可以根据市场需求、竞争对手的定价策略和库存情况等因素，实时调整商品价格，以提高销售额和利润

（续表）

场景	定义
库存管理	AI可以预测商品需求量，帮助电商店铺优化库存管理，避免缺货或积压库存过多的问题
质量控制	AI可以分析消费者评论和反馈，自动识别低质量商品或虚假交易，保护消费者权益和维护电商店铺的声誉
物流优化	AI可以根据订单信息、交通状况和天气等因素，智能规划物流路径和时间，提高配送效率和准确性
语音购物助手	AI基于语音识别和自然语言处理技术，可以让消费者通过语音指令进行商品搜索、购物和支付等操作。这可以提升消费者体验

第 17 章

用户管理场景：再造极致体验

越来越多的企业转向直接与用户沟通，直接获取用户。

从个性化推荐到智能客服，从情感交互到预测性服务，人工智能技术以其独特的智能性和高效性，正在以前所未有的方式改变着企业与用户之间的互动模式。它不仅能够帮助企业精准捕捉用户需求，实现服务的个性化定制，还能够通过数据分析与预测，优化用户体验路径，提升用户满意度和忠诚度。在这个过程中，人工智能技术不仅为企业带来了显著的竞争优势，更为用户带来了更加便捷、高效、贴心的服务体验。

17.1　用户增长管理

用户增长管理是企业为了实现用户规模的扩大和用户价值的提升采取的一系列策略和手段。它不局限于用户数量增加这一局面，而是通过产品优化、制定精准的市场策略、开展高效的运营活动等多种手段，实现用户规模健康、持续的增长，同时提高用户参与度、活跃度和贡献度。用户增长管理的核心目标包括用户规模扩张、用户价值提升和用户口碑塑造。用户增长管理贯穿了从认知到接入、激活、留存，再到转化、传播的整个生命周期。

在用户增长管理中，越来越多的案例表明，企业通过明确目标群体、提供优质产品和服务、多渠道推广、用户体验优化、数据驱动决策以及促进用户参与和互动等手段实现用户增长。企业通过用户增长管理不仅能够吸引新用户，还能提高现有用户的活跃度和忠诚度，从而实现持续的用户增长。

这些手段构成了用户增长管理的通用框架，企业可以根据自身情况和市场环境进行调整和优化。

> **小知识：用户增长管理工具**
>
> 客户数据平台：一种集成的数据管理平台，用于收集、管理和分析来自不同渠道和触点的客户数据。它帮助企业构建统一的客户视图，实现数据的整合和标准化，从而更好地理解客户行为，提升营销效率和客户体验。
>
> 营销自动化：用于自动化执行营销任务，如邮件营销、社交媒体发

布、客户跟进等，可以提高营销活动的效率，减少人力成本，并提供数据分析以优化未来的营销策略。

社群管理工具：用于创建和管理在线社群，促进用户之间的互动和交流，可以强化用户归属感，形成良好的口碑传播链，增强用户黏性，促进用户自发传播。

客户管理系统：可以帮助企业管理与客户之间的关系。其核心功能包括销售自动化、客户服务管理、营销活动管理等，旨在提升客户满意度、优化业务流程和增强市场竞争力。

17.2 追求极致的客户体验

极致的客户体验是企业产品与服务追求的最高境界，旨在通过全面、深入地满足甚至超越客户的期望和需求，使客户形成极高的忠诚度。这种体验并不局限于产品或服务本身的品质，而是一种全方位、多层次的感受，渗透于客户与企业互动的每一个细节，从初次接触、了解需求、提供服务到售后支持，每一个步骤都至关重要。极致的客户体验具备以下特征。

个性化：企业不仅需要收集和分析客户的基本信息，更要通过深入了解客户的购买历史、偏好、行为模式等，来精准预测和满足客户的个性化需求。这要求企业具备强大的数据分析和处理能力，以及灵活的产品和服务定制能力，确保每位客户都能获得量身定制的体验。

便捷性：在数字化时代，客户对便捷性的需求日益增强。企业需要优化线上线下的服务流程，确保客户能够轻松、快速地找到所需的产品或服务。这包括简化操作流程、提供多种支付方式、设置便捷的售后服务渠道等，从而让客户在任何时间、任何地点都能享受到便捷的服务。

响应速度快：企业的响应速度直接关系到客户的满意度和忠诚度。针对客户的咨询、投诉和建议，企业都应迅速响应并妥善处理。这要求企业建立高效的客户服务体系，包括设置专门的客服团队、采用智能客服系统等手段，确保客户的问题能够在最短的时间内得到解决。

可靠性：产品或服务的可靠性是客户选择企业的关键因素之一。企业需要确保产品或服务的质量始终如一，避免任何可能导致客户不满的瑕疵或缺陷存在。这要求企业建立严格的质量控制体系，对产品或服务进行全方位的检测和测试，确保其在各种环境下都能保持高性能和稳定。

情感连接：在物质需求得到满足的同时，客户也越来越注重情感上的满足。企业需要通过积极的互动与客户建立深厚的情感联系。这包括倾听客户的声音、理解客户的需求和期望、提供个性化的关怀和支持等。通过情感连接，企业可以赢得客户的信任和忠诚，进而与客户保持长期的合作关系。

综上所述，极致的客户体验是一种全方位、多层次的感受，它要求企业在个性化、便捷性、响应速度、可靠性和情感连接等方面都做到极致。通过不断优化服务流程、提升产品质量、加强互动等措施，企业可以为客户提供更加优质、个性化的服务体验，从而赢得更多的市场份额和竞争优势。

17.3 沿着用户旅程进行优化

用户旅程是指用户从了解产品或服务开始，到最终成为忠实客户的整个过程。在这一过程中，人工智能的应用正逐渐从简单的自动化工具，转变为深度参与用户体验再造的驱动力。

小知识：用户旅程

用户旅程通常包括以下几个阶段。

认知阶段：用户在这个阶段开始意识到自己的需求或问题，并寻找可能的解决方案。企业需要通过广告、社交媒体、口碑等渠道提高品牌知名度，使用户意识到产品或服务的存在。

考虑阶段：用户已经明确了自己的需求，并开始比较不同的产品或服务选项。企业需要提供详细的产品信息、用户评价、比较工具等，帮助用户做出明智的选择。

决策阶段：用户经过比较和评估，决定购买或选择某个产品或服务。企业需要提供便捷的购买流程、优惠活动、客户支持等，以促进用户的购买决策。

购买阶段：用户完成购买，成为企业的客户。企业需要确保购买流程的顺畅、安全，并提供及时的订单确认和交付通知。

使用阶段：用户开始使用产品或服务，体验其功能和价值。企业需要提供用户指南、技术支持、常见问题解答等，帮助用户更好地使用产品或服务。

反馈阶段：用户在使用产品或服务后，会形成自己的感受和看法，并可能向他人分享。企业需要积极收集用户的反馈和意见，用于改进产品或服务，提高客户满意度和忠诚度。

忠诚阶段：如果用户对产品或服务感到满意，他们可能会成为忠实客户，并愿意再次购买或推荐给他人。企业需要通过持续的产品创新、提供优质的客户服务、实施会员计划等方式确保客户满意。

了解沟通如何在用户的决策过程中发挥作用，有助于准确地识别用户旅程，进而让企业能在用户初始认知、考虑、决策、购买和购买后诸阶段调动其积极性。

认知阶段

认知阶段作为触发需求的阶段很难追踪，因为这种认知发生在品类而不是品牌层面。品牌主依靠市场研究、案头研究和数据挖掘等方法来建立用户画像，以了解和影响需求。借助人工智能，我们可以实时了解用户在网上表达的新需求，并更快速地建立更准确的画像。例如，某媒体公司使用人工智能系统进行用户分析，该系统在几秒钟内处理数十亿个数据点，以确定用户的需求。人工智能通过不断学习社交媒体动态、购买行为、在线评论和发帖内容，实时呈现符合用户兴趣的个性化内容。

人工智能还可以帮助品牌主表达需求。例如某网站采用图像识别技术，通过用户点击网站上的图像的行为来了解用户偏好的风格。然后，网站会使用符合用户特定偏好的其他图像，从而激发用户的进一步需求。

考虑阶段

当用户开始考虑可能的产品来满足他们的需求时，广告的关键目标是将品牌纳入用户的考虑范围。品牌主可以通过优化搜索广告或广告重定向来实现这一目标。

品牌主可以使用人工智能驱动的搜索技术来识别最有可能符合广告定位的用户需求。例如某人工智能公司帮助广告主更清晰地区分合格和不合格的潜在用户，以便更好地定位。利用人工智能时，不仅要考虑关键词，还要考虑上下文和短语、用户行为数据以及其他大数据来分析搜索查询数据，进而识别出潜在的有价值的用户，并进行更准确的定位。例如某客户服务软件公司使用人工智能建立了准确的用户画像，并将其广告定位与这些用户相匹配，提升了潜在用户的质量和数量。

决策阶段

当用户缩小品牌选择范围时，广告的关键目标是增强用户对产品的信任，并说服他们做出最佳选择。一种策略是针对购买意愿强的用户，并向他们提供可信且有说服力的内容。此时，人工智能能通过下面 3 种方式提供支持。

第一，通过机器学习算法运行经过验证的现有用户数据库，预测线索评分，使营销人员能够准确预测用户的购买意图，识别用户的购买趋势。然后，附加有关用户行为和兴趣的外部数据，为品牌主创建强大的潜在用户资料库。

第二，机器学习图像、语音和文本，使品牌主能够策划内容，同时实时学习用户行为，动态调整内容。某在线零售商使用人工智能实时计算产品相关性和网站访问者查看、收藏、添加到购物车并最终购买产品的可能性。当用户浏览产品列表时，系统会为其实时生成产品推荐建议。

第三，营销人员使用人工智能的情感分析来了解用户在公开场合中所说的内容以及他们对品牌的感受，并预先测试广告。某品牌主借助人工智能情感软件为其脆果麦片设计广告活动，在多次播放该广告后，如果观众参与度下降，品牌主可以停止该广告活动。

购买阶段

当用户确定了他们偏好的品牌价值以及他们愿意支付的金额时，广告的关键目标是通过强化品牌相对于竞争对手的价值，让用户脱离决策过程并采取行动。品牌主可以通过强调便利性和有关购买地点的信息或提供购买激励来传达这种价值。

人工智能可以彻底改变用户的购买流程。某办公用品零售公司将其原有的"简单"按钮转变为"智能"采购系统，允许企业客户通过语音命令、文本或电子邮件订购产品。营销人员还可以进行动态定价，包括根据需求、用户行为模式、季节性因素和竞争对手活动等信息进行实时价格调整。

购买后阶段

在这个阶段，用户会评估自己的满意度，并考虑是否要重新购买该产品，是否参与口碑传播。而品牌主的目标是通过强化品牌在满足用户期望方面的良好表现或纠正潜在的问题来使用户满意。

人工智能的聊天机器人可帮助品牌主在购买后与用户互动。某软件开发商使用虚拟代理快速响应用户咨询。它依靠人工智能来识别和提取咨询背后的意图，从而将从咨询到解决问题的时间从 1.5 天缩短到平均 5 分钟。这种人工智能应用程序被称为倾向建模，它通过处理大数据来评估用户终身价值、重新参与的可能性、流失倾向以及品牌主感兴趣的其他指标。一旦了解了这些指标，品牌主就可以将个性化沟通作为客户关系管理活动的一部分，以鼓励期望的行为，并根据用户的反应调整活动期间的沟通。

人工智能改变了品牌主理解和引导用户的方式。未来，用户生成数据挖掘的新方式将驱动用户洞察。在机器学习的帮助下，品牌主将能够在不知不觉中从多个来源收集用户数据，将这些数据整合起来，并深入分析以揭示用户行为偏好。

案例："智能客服 + 智能外呼"全渠道数字化建设驱动增长

背景：AFIONA 妍丽是一家化妆品直营连锁品牌，拥有 100 多家直营店，遍布全国 20 多个省会城市，有 1500 名"肌肤管家"。在日常业务中，AFIONA 妍丽面临极大的人员成本压力和服务效率挑战。随着业务扩张和营销投入的增加，客服的边际效应也日益明显。

商业问题：如何提升客服效能，以降低人员成本？如何提高服务效率，以应对业务扩张带来的挑战？如何实现会员精细化运营，以提升触达效率和成交转化率？

解决方案：AFIONA 妍丽采取的策略是建设 AI 智能客服和智能外呼系统，以提升客服效能。智能客服系统——使用在线座席和智能客服机器人，7×24 小时在线接待用户，解决标准化、重复的问题，解放人力，让人工客服专注于解决复杂度更高的问题。智能外呼系统——基于用户洞察，制定精细化运营策略，大幅提升触达效率，实现会员精细化运营。

成效：母亲节期间，智能外呼系统累计触达 8 万人，成交转化率达到 5.2%。"双 11"期间，其累计触达 16.7 万人，ROI 达到 16.6。

结论：AI 赋能客户服务和运营，不仅提升了客服效能，降低了人员成本，还实现了会员精细化运营，提升了触达效率和成交转化率，从而增强了企业的市场竞争力并提高了用户满意度。

17.4 AI 在用户管理中的应用场景

生成式营销在用户增长领域，利用人工智能的数据分析能力，深入挖掘用户行为和偏好，从而实现高度个性化的内容创作和精准营销。除此之外，人工智能系统能够预测市场趋势，自动化地调整广告投放策略，优化客户服务体验，并通过智能推荐系统提升用户参与度和转化率。同时，人工智能还能够辅助进行内容优化，确保营销信息在正确的时间、通过正确的渠道触达目标用户。这种以数据和技术为驱动的营销模式，不仅提高了营销效率，还提升了用户体验，为用户增长提供了新的动力和方向。

AI 在用户管理中的应用场景如表 17-1 所示。

表 17-1 AI 在用户管理中的应用场景

场景	定义
智能客服	AI 可以通过自然语言处理和机器学习技术，提供 7×24 小时的在线客服支持，解决用户问题，提高用户满意度
用户分析	AI 可以分析用户行为数据，构建用户画像，挖掘潜在用户需求和喜好，为企业提供有针对性的营销建议
服务评估	AI 可以对客户服务过程进行实时监控和评估，发现潜在问题，优化服务流程
智能知识库	AI 可以自动整理和更新企业所在行业、领域的营销知识库，提高客服效率和准确性

（续表）

场景	定义
用户洞察报告	AI可以根据用户数据直接生成洞察报告，帮助企业快速了解用户需求、行为变化，以及用户满意度，从而制定更有效的营销策略
用户运营策略	AI可以分析用户行为数据，为运营团队提供个性化的用户增长和留存策略，例如在什么时间发送哪些内容给哪些用户
社群内容生成	AI可以根据社群特点和用户兴趣自动生成社群内容，提高社群中的用户活跃度、参与度，增强用户黏性
座席辅助	AI可以实时分析用户对话内容，为客服人员提供实时建议和信息支持，提高服务质量
智能推荐	AI可以根据用户行为和喜好，在私域、社群、电商、社媒等环境中，为用户推荐高匹配度的产品和服务，提高转化率
智能呼叫	AI可以根据需求和指令，自动外呼，进行市场调查、用户回访、需求唤起等任务，提高工作效率
邮件生成	AI可以自动生成个性化的营销邮件，提升邮件营销效果
营销自动化	AI可以实现多渠道营销活动的自动化实施和管理，节省人力资源，提升营销效果
用户留存分析	AI可以根据用户的行为数据，预测用户流失风险，帮助企业制定针对性的留存策略
虚拟助手	AI可以作为虚拟助手，为用户提供个性化的服务和推荐，提高用户满意度

第 18 章

创新管理场景：快速创造新产品

人工智能在现代产品开发中发挥着核心作用，它不仅是一个工具，还是推动产品创新的关键力量。人工智能通过分析消费者行为、市场趋势和历史数据，为创新提供洞察力，帮助营销团队生成和筛选创意。同时，人工智能还能够在产品设计、原型制作和测试阶段提供支持，优化流程，缩短产品开发时间并降低成本。随着人工智能技术不断进步，它在产品创新中越来越不可或缺，不仅提高了创新的效率，还增加了创新的可能性。

18.1　新产品创新，企业的增长力

在当今这个快速变化的市场环境中，消费者的需求已经从对产品基本功能的追求转变为对个性化、智能化的追求。这种转变标志着消费者期望的升级，消费者不再仅仅满足于产品的基本用途，而是开始寻求那些能够反映个人品位、提升生活质量的产品。

如今，小众消费和定制消费的崛起正是市场需求变化的直接体现。小众消费的兴起反映了消费者对独特性和专属性的追求，他们倾向于选择那些能够代表个人身份和价值观的产品。而定制消费的流行则揭示了消费者对产品个性化的强烈需求，他们希望产品能够完全符合自己的特定需求和偏好。这两种消费趋势的兴起，不仅改变了市场的细分格局，也推动了产品创新的发展。

小众消费的崛起

如今，消费者不再满足于大众化、标准化的产品，而是开始寻求能够体现个人品位和价值观的产品。这促使企业必须通过产品创新来满足这些需求，开发出更加个性化和差异化的产品。

案例：AI 赋能下的非遗文化创新

背景：随着现代化进程的加快，传统手工艺面临着市场需求减少、传承困难等问题。为了适应新时代消费者的需求，西湖绸伞开始探索与 AI 技术的结合，以实现非遗文化的创新传承。

商业问题：如何将传统手工艺与现代技术相结合，以吸引年轻消费者，同时保持其文化价值和艺术魅力？

挑战：利用 AI 技术提升设计和生产效率，以及在保持传统特色的同时，创造出符合现代审美和市场需求的新产品。

解决方案：西湖绸伞非遗传承人罗珊将 AIGC 应用于设计绸伞的图案，并使用喷绘技术制作伞面，推出了"四季花"和江湖系列绸伞。此外，百度文心大模型与苏州丝绸博物馆合作，创建了"苏州漳缎 AI 创作模型"，允许用户在虚拟空间中体验古法织造技艺，并与 AI 创作模型进行沉浸式互动，体验并共创数字纹样。

成效：通过 AI 技术的赋能，西湖绸伞不仅提高了生产效率，还成功吸引了年轻消费者的注意。AI 创作模型的使用，使得设计过程更加便捷和新颖，同时也为传统手工艺的传承提供了新的途径。线上互动结合传统的线下展览，显著提高了公众对非遗保护和传承的参与度，有效地让非遗走进了公众的日常生活。

定制消费的崛起

技术的发展，尤其是数字化和智能化技术的应用，使得企业能够更灵活地进行小批量、定制化生产。这种生产方式允许企业根据消费者的个性化需求快速调整产品设计和生产计划，从而推动产品创新。

在定制消费模式下，消费者不仅仅是产品的使用者，还参与到产品的设计和创造过程中。这种模式要求企业在产品创新过程中更加关注消费者的反馈和建议，以确保产品能够满足消费者的个性化需求。

案例：AI 与消费者进行价值共创，实现产品外观的规模化定制

背景：联想与百度旗下的文心一格合作，希望利用 AI 技术满足消费者在内容创作和消费方面的需求，引领 AI 消费新趋势，并成为信息和通信技术行业首家支持 AI 外观定制的企业。

商业问题：传统的计算机外观设计选择有限，通常局限于官网图的图片或消费者自行上传的图片。这种模式限制了消费者的个性化选择，无法充分满足市场对个性化和定制化产品的需求。

解决方案：联想与百度文心一格合作，推出了基于 AI 技术的外观定制服务。消费者在购买联想计算机时，可以选择定制模块，自由选择作品用于计算机 A 面的个性化定制，从而拥有一台个性化的计算机。

成效：联想私人定制服务能够确保在消费者支付后的 5 个工作日内发货，有效缓解了消费者的等待焦虑。通过 AI 技术的应用，联想成功地将 AI 应用与消费者的个性化、定制化需求相结合，提升了消费者体验。

创新点：联想利用 AI 技术突破了传统定制服务的限制，提供了更加丰富和个性化的设计选项。联想通过 AI 外观定制服务，满足了消费者对于个性化计算机外观的需求，提升了产品的附加值。联想的快速发货承诺缩短了消费者的等待时间，提高了消费者满意度。

结论：联想与百度文心一格的合作案例展示了 AI 技术在产品外观定制服务中的应用潜力。通过 AI 生成图片的外观定制服务，联想不仅提升了产品的个性化水平，还加快了产品从订单到交付的流程，提升了消费者体验。这一创新实践不仅满足了消费者对个性化产品的需求，也为信息和通信技术行业提供了 AI 创新应用的新标杆。

产品创新的流程

企业需要通过不断进行产品创新来维持自己独特的品牌形象，吸引并保留忠实客户，这种竞争压力促使企业在产品设计、功能、材料和营销策略上进行创新。数字化时代的产品创新流程如图 18-1 所示。

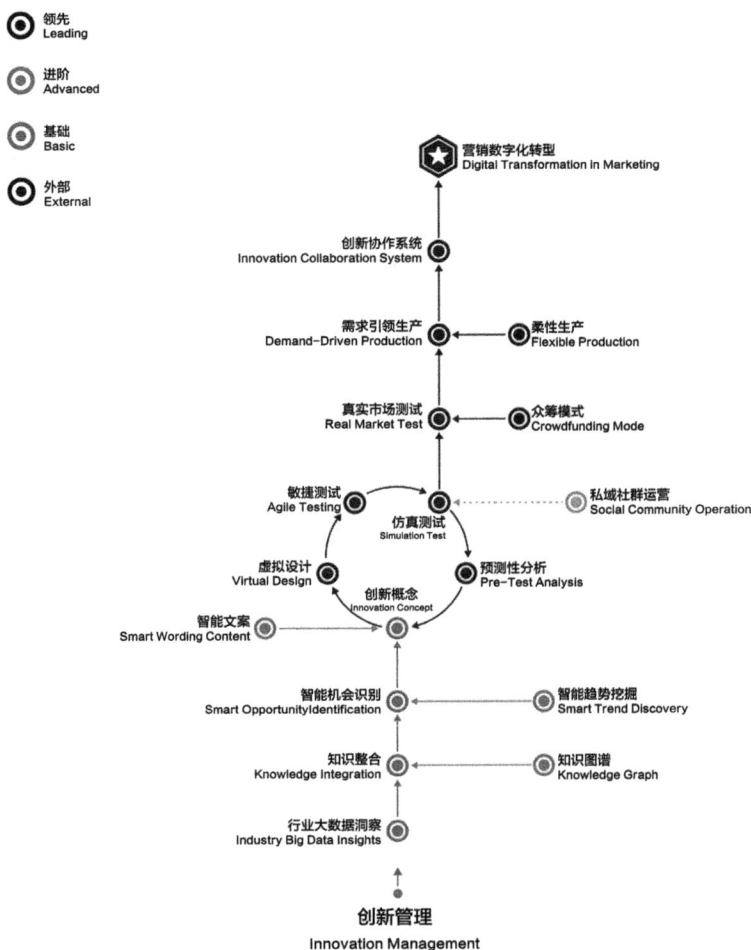

图 18-1 数字化时代的产品创新流程

资料来源：根据秒针营销科学院 2023 年《营销数字化转型登山图》绘制。

智能机会识别

首先，进行行业大数据洞察，利用大数据分析工具收集和分析行业数据，包括市场趋势、消费者行为、竞争对手动态等，以识别潜在的市场机会。然后，结合行业报告、专家意见、历史数据和真实信息进行知识整合，以形成对市场机会的全面理解。接着，对识别出的机会进行评估，确定其可行性、潜在风险和商业价值，选择最有潜力的机会进行深入开发。

创新概念

在明确了机会的前提下，通过人类的或者人工智能的创新能力，将机会概念化为一个完整的产品并对其进行概念的迭代优化。

从仿真测试到真实市场测试

通过敏捷开发方法快速构建原型并进行测试，以验证概念的可行性和吸引力；并运用预测分析工具，预测产品概念的市场表现和消费者接受度。也可以选择一小部分用户进行产品测试，收集用户反馈和相关数据。

需求引领生产

需求引领生产包括以下部分。

需求预测，基于市场测试结果和用户反馈，预测产品需求，为制订生产计划提供依据。

柔性生产：采用柔性生产系统，根据市场需求快速调整生产规模和产品配置。

供应链优化：优化供应链管理，确保原材料和组件的及时供应，以满足市场需求。

创新协作系统

最高级别的目标是建立企业的一整套创新协作系统。该系统涵盖以下方面。第一，评估和筛选创新概念的可行性和潜力。第二，知识管理，用于组织、分类并让成员轻松访问知识。第三，文档管理，集中存储、管理和共享文件，提升协作效率并确保数据安全。

18.2　从快人一步到敏捷迭代

　　企业创新可以分为快人一步到敏捷迭代两个明显的阶段，快人一步意味着在市场变化中迅速捕捉机会，而敏捷迭代则强调在实施创新过程中的灵活性和适应性。这种从快速响应到持续改进的转变，要求企业不仅要在第一时间推出创新产品或服务，还要快速学习和适应，不断优化和升级，以满足不断变化的用户需求和市场条件。这一过程不仅涉及技术的创新，还包括管理流程、组织结构和企业文化的全面革新。

快人一步，人机协同提升效率

　　在人机协同提升效率阶段，企业致力于通过人工智能技术实现营销流程的全面优化和效率提升。这一阶段的核心任务是构建和维护一个全面的行业知识库，利用生成式人工智能的能力，基于"大模型＋智能体＋知识库"的架构，为企业提供垂直领域的产品解决方案，从而构建起一个覆盖营销全链路的赋能模式。这样的行业知识库不仅能存储和更新行业数据，还能帮助企业快速响应市场变化，为企业提供决策支持。

　　其中，人工智能在数据分析方面发挥着重要作用。它能够处理和分析海量数据，为企业提供深刻的业务洞察，辅助企业做出更精准的业务决策。在零售和电商领域，生成式人工智能凭借其预测性分析能力可以根据用户的购买历史和浏览行为，提供精准的产品推荐建议和个性化的营销方案，从而提高转化率和用户满意度。

　　此外，人工智能在市场需求预测和产品创新设计方面也展现出巨大潜力。它能够促进产品的差异化竞争，通过 AI 数字员工读取和分析大量的行业报告及品牌经营数据，成长为行业专家，并提供关于新品品类的建议，帮助企业把握市场机会。

在内容创作方面，生成式人工智能工具的应用极大地提高了工作效率，帮助企业快速为社交媒体平台制作内容，管理品牌资产，跟踪活动效果，并简化工作流程。这些工具不仅提升了内容生产的效率，还保证了内容的质量和一致性。

人工智能在预测性分析中的实时数据处理和分析能力，为决策者提供了即时的洞察和反馈，加速了决策过程。这种实时的数据分析和反馈机制，使得企业能够快速响应市场变化，及时调整营销策略，以保持竞争优势。

总的来说，这一阶段的目标是通过人机协同工作，提升营销活动的效率和效果，实现更精准的市场定位、更高效的内容生产，以及更快速的决策响应，最终实现营销目标的达成。

案例：AI 加速产品创新，研发周期缩短一半

背景：某食品品牌为了在竞争激烈的市场中获得优势，决定利用人工智能技术进行产品创新。品牌希望通过搭建人工智能"创新概念挖掘"平台，利用大数据挖掘新产品研发机会。

商业问题：品牌需要开发新产品以满足市场和消费者需求，特别是针对"Z世代"和女性消费者，同时需要提升产品上市的速度和成功率。

挑战：结合消费者偏好和市场趋势，开发出受欢迎的新产品；缩短产品从概念到上市的研发周期，提高效率。

解决方案：品牌利用人工智能平台对社交媒体大数据进行分析，发现牛油果的话题热度高，且与酸奶搭配表现优秀。人工智能平台推荐以牛油果酸奶作为新品方向，并结合"Z世代"、女性、下午茶、解馋饱腹、不腻等关键元素进行概念和包装设计。

成效：牛油果酸奶产品成功上市，研发周期缩短了一半；上市后一个月，新产品的社交媒体声量翻倍，热议内容主要围绕产品展开；99%的热议内容为正向内容，主要表达了对牛油果口味的青睐。

敏捷迭代，人工智能产品从设计到上市反馈的优化闭环

在人工智能产品从设计到上市反馈的优化闭环中，企业的核心任务是利用人工智能技术来加速整个产品从设计到上市的流程，并根据市场反馈进行快速迭代。

从初期的虚拟设计开始，通过人工智能驱动的平台快速生成 3D 效果图，以加速产品原型的构建和设计的创新。这样的技术介入不仅提升了设计效率，还为设计师提供了实验和迭代的灵活性，使得产品能够迅速融入人工智能元素，从而提升消费者体验和产品价值。

随着产品设计的逐步成熟，人工智能在包装设计中也开始发挥作用。通过分析市场趋势和消费者偏好，人工智能辅助设计师创造出更具吸引力的包装，进一步增强产品的市场竞争力。在营销文案设计方面，人工智能结合企业知识库和数字员工的能力，生成符合不同平台风格的创意文案，为营销活动提供强有力的文案支持。

在产品开发阶段，人工智能驱动的仿真测试和数据分析成为关键，设计师和工程师可以借助这些工具进行快速的原型设计、仿真测试和迭代优化，确保产品在上市前拥有最佳性能。同时，人工智能在个性化需求采集方面发挥着重要作用，通过分析相关数据来满足消费者的个性化需求，实现产品的规模化定制和交付。

当产品进入市场后，人工智能为企业提供品牌工具包和文案建议，帮助企业制定有效的营销策略。而在整个产品生命周期中，人工智能通过分析消费者反馈来优化产品和服务，利用情感分析等手段深入了解消费者的真实感受，为产品迭代提供数据支持。

企业通过人工智能实现产品设计的快速迭代和优化，提高产品上市的成功率，并根据消费者反馈不断改进产品，以满足消费者的需求，最终实现产品的市场竞争力提升和品牌价值增长。通过这样的敏捷迭代和优化闭环，企

业能够更快地响应市场变化，实现从产品设计到市场反馈的快速循环，保持
竞争优势。

案例：AI 加速产品设计，效率提升 50%

背景：食验室是一个从市场调研、卖点提炼到产品包装都有 AI 深度
参与的品牌。该品牌希望从改造童年零食这一品牌理念出发，利用 AI 进
行产品创新设计。

商业问题：如何利用 AI 提高设计效率，降低成本，并在保持产品品
质的同时快速迭代产品，以适应市场变化？

挑战：在保持品牌传统的同时，利用 AI 创造出既新颖又符合现代
消费者口味的产品；同时，需要在激烈的市场竞争中快速响应消费者需
求，优化产品设计。

解决方案：食验室从改造童年零食这一品牌理念出发，利用
ChatGPT 进行分析，锁定了麦丽素这一产品，并运用团队总结出来的提
问技巧，例如赋予 ChatGPT 任意需要扮演的角色身份，如一个食品营
销专家、一个高级产品经理等。在命名阶段，食验室使用了"再来 ××
个"提问技巧，然后由 AI 艺术生成器 Midjourney 生成包装。

成效：通过 Midjourney 的辅助，食验室在短短 2 天内完成了整个设
计过程，相较于传统的设计方法，整体效率提高了 50%，不仅大大缩短
了设计周期，还保证了设计的质量和创意的发挥。最终，在同样的流量
环境下测试消费者的偏好，Midjourney 设计的包装竟以微弱的优势胜出
了，现在也已经成为食验室正式大货的包装。

18.3 人工智能创造新产品

人工智能已经成为创新的代名词，它不仅改变了我们解决问题的方式，还重新定义了创新流程本身。人工智能的融入，使得创新不再是单一的线性过程，而是变成了一个动态的、迭代的，并且高度协作的生态系统。人工智能凭借其创新力、判断力以及市场模拟能力，在创新流程中成为推动企业创新的加速器。

人工智能的创新力

如同前面章节的介绍，在营销领域，无论是在内容创作方面，还是在产品创新方面，人工智能都有很强的创新力。

案例： AI 重塑节日营销，工期缩短 50%

背景："雀巢 8·18 宠粉节"是雀巢集团为感谢和回馈消费者而举办的营销活动，旨在加强品牌与消费者之间的联系，提升消费者忠诚度。

商业问题：如何在保持品牌传统的同时，通过 AI 技术创造出既新颖又符合现代消费者口味的产品？如何在项目制作周期紧张、多地拍摄存在困难的情况下，快速、高效地完成营销活动的策划和执行？

挑战：传统的营销方式在时间和资源上的消耗较大，难以满足快速变化的市场需求。

解决方案：雀巢集团利用 AIGC 技术打造了"雀巢美食世界"，通过线上云游的概念，带领全平台粉丝"环游"雀巢庞大的美食世界。特赞 AIGC Studio 借用 AI 的"脑洞"，创新性地生成多个自然场景，并以人机协同的方式重塑了创意生产工作流——运用 AIGC 技术快速、批量生成丰富的概念图，及早沟通确定创意方向；同时高效生成海内外写实场景和关键元素，节省了素材海淘、建模渲染的时间成本。

　　成效：通过AI技术的应用，雀巢在3周的筹备时间内完成了12张高质量、高难度素材的产出，工期缩短至同类项目的50%；AI生成的新颖素材在社交媒体平台上引发了"打卡"热潮，提升了品牌的互动性和参与度。

　　结论："雀巢8·18宠粉节"的案例展示了AI在品牌营销中的创新力，通过AI技术的应用，不仅提高了营销活动的效率和质量，还加强了与消费者的互动，为品牌带来了新的活力。这证明了AI技术在品牌创新流程中的重要性和潜力，为未来品牌营销提供了新的思路和解决方案。

人工智能的判断力

　　在人工智能的众多能力中，判断力是其最核心的能力之一。人工智能的判断力指的是其在处理信息、分析数据和做出决策方面的能力。人工智能的判断力涉及机器学习、深度学习、自然语言处理等多个技术领域。它不仅局限于简单的数据处理，还涉及在理解数据的基础上，进行推理、预测和决策。这种能力使得人工智能能够在复杂的环境中做出接近甚至超越人类专家的判断。

人工智能的市场模拟力

　　人工智能不仅为我们提供了全新的工具和方法，更以其卓越的市场模拟力，从深入分析消费者数据到最终的产品开发，全面重塑了产品的创新周期。这一变革性的转变，使得企业能够更加精准地捕捉市场动态，更有效地满足消费者需求，并在激烈的市场竞争中保持领先地位。以下是人工智能在市场模拟和产品创新中的关键步骤，每一步都体现了人工智能如何深度融入并推动整个创新过程。

深入分析消费者反馈和行为数据

人工智能市场模拟力的起点在于深入分析消费者数据。通过收集和分析大量的消费者反馈和行为数据，人工智能能够揭示消费者偏好和行为模式的新趋势。例如，在快餐行业，人工智能可以分析顾客反馈，识别出影响顾客满意度的关键因素，如食物的新鲜度和服务质量。这种深入的洞察能帮助企业更好地理解市场需求，为产品创新提供方向。

生成概念和满足需求

人工智能的市场模拟力不仅用于数据分析，还能用于生成新的概念和满足消费者需求。在时尚行业，人工智能可以根据流行趋势和消费者偏好生成新的服装设计，加速产品从概念到市场的转变。

产品和包装开发

人工智能在产品和包装开发中的应用进一步体现了其市场模拟力。人工智能能够基于消费者数据架构，整合来自多方的数据，生成完整的产品开发方案。在包装设计方面，人工智能能够设计出可持续的极简包装，这种包装不仅能提升消费者的体验，还能实现零浪费和复用。通过人工智能可视化能力，企业可以在原型开发过程中邀请消费者试用产品，确保产品的市场适应性。

验证命题

人工智能市场模拟力的另一个重要方面是验证命题。在原型开发过程中，人工智能可以帮助企业验证产品的市场潜力。如在护肤品领域，人工智能通过分析消费者对盲测产品的反馈，可验证产品在温和保湿和用户友好包装方面的改进对提升整体喜爱度的影响。这不仅提高了产品开发的效率，还降低了市场风险。

人工智能的市场模拟力正在改变产品的创新周期，从深入分析消费者数据到生成满足需求的概念，再到产品和包装的开发，人工智能的应用贯穿了整个流程。通过人工智能的市场模拟，企业能够更快地响应市场变化，更准确地预测消费者需求，从而实现更高效、更精准的产品创新。

案例：AI 驱动的护肤产品创新

背景：在竞争激烈的护肤产品市场中，消费者对产品性能和体验的要求日益提高。

商业问题：如何通过 AI 技术提高市场研究的效率和准确性？如何利用洞察来驱动产品开发和优化营销策略？

挑战：从大量消费者反馈中提取关键信息，以及确保产品开发满足消费者对温和保湿和用户友好包装的需求。

解决方案：利用 AI 的市场模拟力，通过在线调查、社交媒体分析等手段，在不透露品牌信息的情况下进行产品测试，以获取消费者对产品的真实反馈。利用 AI 分析工具，识别出消费者对温和保湿和用户友好包装的高需求。基于 AI 分析的结果，开发新的护肤产品和包装，以满足消费者的需求。通过 AI 模拟市场反应，验证新产品的市场潜力，并根据反馈调整产品策略。

成效：能够更快地响应市场变化，及时调整产品和营销策略；AI 辅助的产品开发流程缩短了产品从概念到上市的时间；通过个性化营销和供应更符合消费者需求的产品，提升了消费者的满意度和忠诚度。

产品创新智能体

智能体作为能够感知环境并做出决策以实现特定目标的系统或实体，可以是软件形式，如算法或程序；也可以是硬件设备，如机器人。它能够通过传感器或其他数据输入方式收集周围环境中的信息，并利用逻辑和智能算法进行处理，以实现自主决策。智能体不仅能够从经验中学习并不断优化自身性能，还能在没有人类直接干预的情况下运行，显示出高度的自主性和适应性。

智能体之所以成为产品创新的智能工厂的关键，是因为它们能够自主地根据收集到的数据进行分析和决策，从而提高生产效率、降低成本、减少浪费，并快速响应市场变化。智能体的自主性和适应性使得智能工厂能够灵活地调整生产流程，实现个性化和定制化生产，同时确保产品质量和一致性。此外，智能体还能够通过持续学习和改进，不断提升生产流程的智能化水平，推动产品创新和工厂运营的持续优化。因此，智能体在智能工厂中发挥着核心作用，是实现产品创新的重要驱动力。

图 18-2 直观展示了产品创新智能体的运作机制。这一机制以人类与人工智能技术共同构筑的行业知识库为起点，由人工智能深入进行数据挖掘与分析，精准提炼市场趋势与热点。在此基础上，人类与人工智能携手并进，共同识别创新机会，孕育出新颖的产品概念，并通过预测性分析为概念的可行性保驾护航。

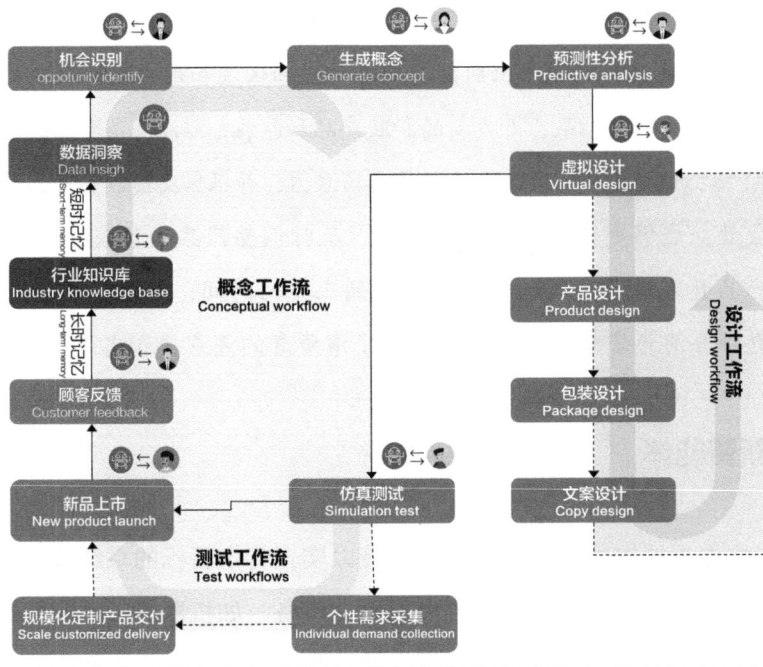

图 18-2　产品创新智能体的运作机制

资料来源：根据谭北平、金立印等 2024 年《生成式营销产业研究蓝皮书》内容设计。

随后，创新流程迈入设计环节。在这一关键环节，人工智能不仅积极参与产品本身的设计，还广泛涉足包装设计与文案设计等多个领域，与人类设计师共同创造出兼具创意与实用性的新产品。

设计完成后，产品随即进入测试阶段。这一阶段涵盖仿真测试、在私域或客户群体中精准捕捉个性化需求，以及实现规模化定制产品的交付等重要环节。产品成功通过测试后，便正式进入市场，迎来广大消费者的检验。

在新品上市阶段，企业会大规模收集消费者反馈，这些宝贵的意见与建议将被精心整理并纳入行业知识库，为未来的市场洞察与产品创新提供有力的支持与指导。总之，产品创新智能体通过构建人机协作的高效模式，不仅加快了产品创新的步伐，还不断提升着产品的市场竞争力与消费者的满意度。

18.4　AI 在创新管理中的应用场景

生成式营销让创新管理不再仅仅依赖传统的营销手段，而是基于对市场趋势的深刻洞察、用户需求的精准把握以及技术的不断创新，利用 AI 生成更加个性化、高效且富有创意的营销场景。

AI 在创新管理中的应用场景如表 18-1 所示。

表 18-1　AI 在创新管理中的应用场景

场景	定义
智能需求分析	AI 可以基于社交媒体等大数据资源，分析用户需求、用户行为、市场趋势和竞争对手的产品信息，帮助企业预测潜在需求，指导产品开发
新品机会挖掘	AI 可以通过数据挖掘和模式识别技术，发现市场上的创新机会和潜在利润点，为企业提供新品研发建议

（续表）

场景	定义
虚拟样品设计	AI可以基于生成对抗网络等技术，快速生成虚拟样品，进行市场测试，降低设计成本，缩短研发周期
智能包装设计	AI可以分析用户喜好和行为数据，为企业提供个性化的包装设计方案，提高产品吸引力
新品市场测试	AI可以模拟真实市场环境，对新品进行市场测试，评估新品的市场表现和潜在风险
产品数据监测	AI可以实时监测产品在市场上的表现数据，如销售额、用户口碑等，帮助企业及时调整产品策略
智能产品设计	AI可以根据市场需求和用户喜好自动生成产品设计方案，提高研发效率
智能营销方案	AI可以根据新品特点和目标用户群体生成个性化的营销策略，提升营销效果
新品推介	AI可以根据用户行为数据和市场趋势制订有针对性的新品推广计划，提高新品上市成功率
新品概念探索	AI可以通过数据挖掘和创意生成技术，帮助企业探索新颖的产品概念和设计思路
定价优化	AI可以分析市场需求、竞争对手定价策略等因素，为企业提供最佳定价建议
供应链优化	AI可以分析供应链数据，预测需求变化，帮助企业优化库存管理和物流安排

4

第四篇

"生成"的部署：全面突破企业能力的传统边界

在别人看得见的地方用人工智能是在"内卷"，在别人看不见的地方用人工智能是在提升竞争力。

技术的核心价值是突破人类能力边界！

生成式营销的核心价值是突破企业能力的边界！

本篇共4章，包括制定生成式营销战略、建立技术底座、实施对人工智能的营销、保护数据隐私与品牌安全。

在本篇，你将学习企业如何全面理解生成式营销，并且在企业内落实生成式营销战略，形成核心竞争力。

第 19 章

战略层面：推动生成式营销落地的思路和举措

对于企业来说，生成式营销战略不能只停留在理论层面，也不能局限于管理层面，它需要全体员工参与，把生成式营销的技术和能力转化为生产力，为企业带来实际的效益。

那么，在营销领域，如何完成原有数字营销体系的升级，以有效落实生成式营销战略？大型企业可以实施中台驱动的生成式营销战略。对于中小型企业，我们建议采用4步走的普惠战略。

19.1 这是重要且紧急的任务

在数字营销趋于成熟的今天，企业或品牌为什么要拥抱人工智能，探索生成式营销的新模式？图 19-1 描绘了生成式营销新模式给企业带来的价值。

图 19-1 生成式营销新模式给企业带来的价值

最基本的价值是赋能营销业务，具体来说，包括实现降本增效、提供极致的客户体验、实现全员营销，以及进行商机挖掘。

除营销业务以外，生成式营销之于企业的价值是打造智能型企业，还包括智能决策、工作流程的自动化（不限于营销流程）、建立敏捷型组织以应对营销市场的各种变化、与顾客共创价值、跨领域创新等，使企业具有持续的创新力。

从企业长期发展考虑，生成式营销能帮助企业实现可持续发展，如在公关层面快速反馈，助力品牌治理，维护品牌形象；帮助企业形成领域知识、累积知识资产、践行社会责任，以及实现全球化。

资料学习：企业 CEO 对生成式 AI 行动的态度

IBM 商业价值研究院针对全球近 6000 位 CEO 和其他高管进行了访谈，了解他们预计生成式 AI 将在哪些领域产生最大的影响，计划如何进行投资，以及在此过程中需要克服哪些障碍。由此形成的名为《CEO 生成式 AI 行动指南（2024）》的报告以 CEO 视角给企业 AI 战略提供了大量重要的观点，具体如下。

领导力无法自动化，生成式 AI 有望推动变革性创新和转型性增长，但推动变革需要人类干预。90% 的 CEO 预计其高管团队将共同决定组织对采用生成式 AI 的态度。这项技术的实现方式将放大组织在治理、文化、技能与能力以及技术成熟度等方面的优点，但也可能暴露其自身的缺点。

犹豫不决将拖慢大规模应用生成式 AI 的速度。生成式 AI 应用的先行者将用较短时间紧张地完成试验阶段。74% 的受访高管表示，生成式 AI 将在未来 4 年内（2024—2027 年）准备好进行全面推广。如果等到一切问题得到解答再采取行动，组织的优势将荡然无存，并将领先优势拱手让给竞争对手。领先的组织正在采取行动，重新思考围绕人才和技能的战略与行动。要将人才而非技术置于生成式 AI 战略的核心。

19.2　中台驱动的生成式营销战略

大型企业实施生成式营销，可以采用中台驱动的战略。

中台的意义在于将生成式营销的指挥权、技术底座建立、实施驱动、数据累积等集中在一个独立的中台部门，让企业的智能化更加高效，避免重复建设。中台驱动的生成式营销战略的实施共有 5 个步骤，如图 19-2 所示。

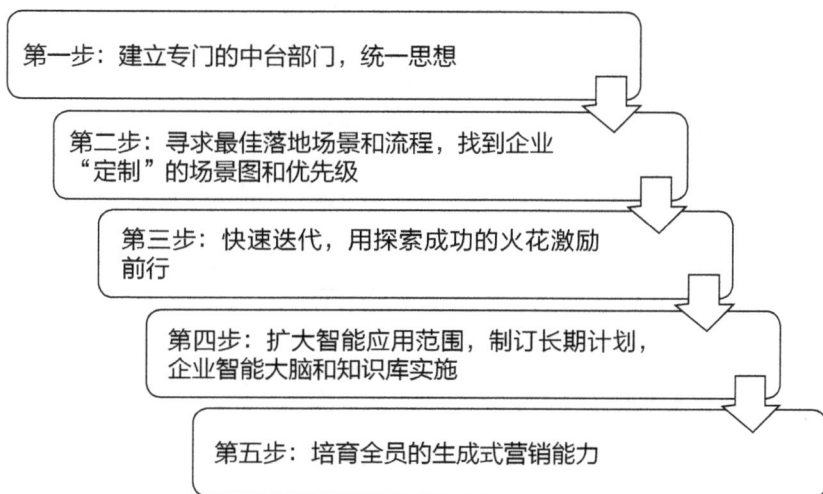

第一步：建立专门的中台部门，统一思想

第二步：寻求最佳落地场景和流程，找到企业"定制"的场景图和优先级

第三步：快速迭代，用探索成功的火花激励前行

第四步：扩大智能应用范围，制订长期计划，企业智能大脑和知识库实施

第五步：培育全员的生成式营销能力

图 19-2　中台驱动的生成式营销战略的实施步骤

第一步：建立专门的中台部门，统一思想

在这一步，企业首先需要有专门的中台部门，通过内部大量的生成式人工智能体验、培训、案例采集学习，形成思想共识，并组织业务和技术部门协同共创，重塑可能的流程，生成快速原型和业务旅程，确定商业可行性，形成生成式营销机会地图和解决方案，并在内部分享推广。

第二步：寻求最佳落地场景和流程，找到企业"定制"的场景图和优先级

人工智能在营销领域的可落地场景非常多，如图 19-3 所示，生成式营销的各类应用场景超过 90 个。

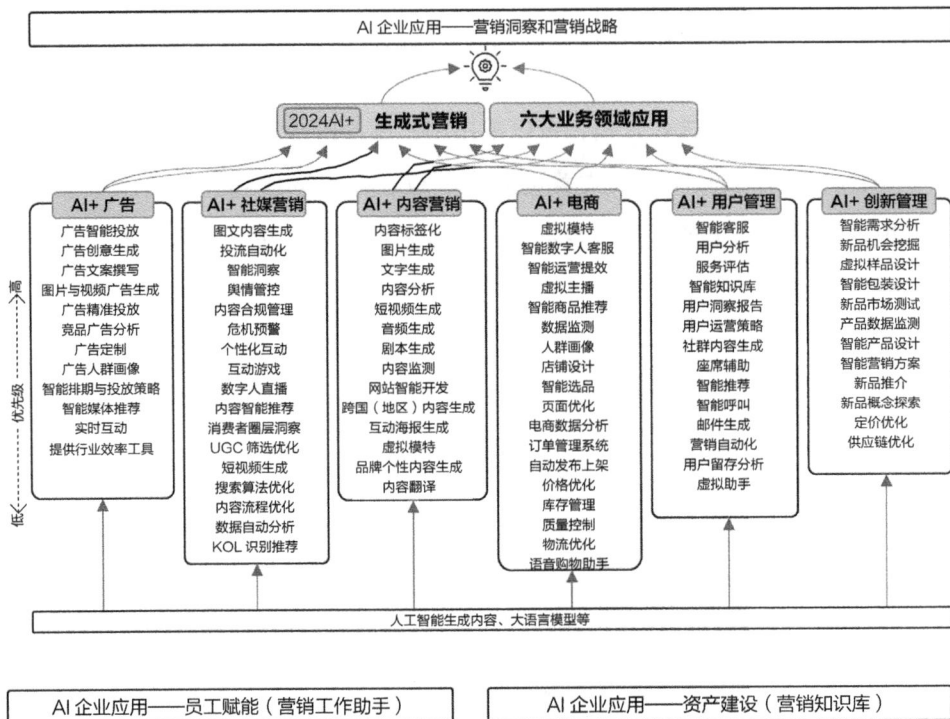

图 19-3　生成式营销场景

资料来源：根据谭北平、金立印等 2024 年《生成式营销产业研究蓝皮书》内容设计。

　　受资源所限，企业不可能同时在全部业务场景中进行生成式营销，而应根据自身情况（可投入的人力、时间、技术等成本）选择最具价值的场景进行应用。如何选择最佳的场景进行生成式营销？企业可以使用 3 个原则进行评估，如图 19-4 所示。

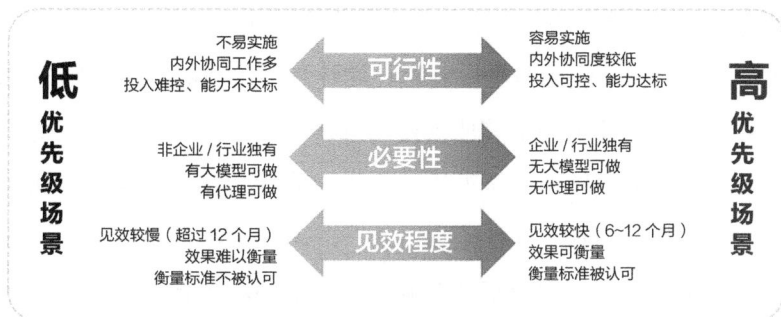

图 19-4 生成式营销落地场景选择三原则

可行性原则：考虑是否在企业内部容易实施，投入较少，涉及的人力有限并可控。如果场景涉及过多部门，或需外部协作，则其优先级降低。

必要性原则：考虑是否为企业（或所在行业）独有的需求，无法通过通用工具或外部伙伴满足。如果一些能力（例如一些人工智能办公优化能力）非本企业独有，可以由大厂通用大模型解决，则企业不用自己做，如果一些需求是企业独有（如本企业媒介 ROI 提升优化系统）或行业独有（如车企销售线索优化），外部代理公司和合作伙伴也无法满足，则其优先级提升，可以优先选择。

见效程度原则：考虑实施后是否较快有直接的、易衡量的效果，例如减少人力成本，或提高某项营销关键指标的转化效率等，如果见效时间过长，或效果难以衡量，衡量标准不被认可则应降低其优先级。

第三步：快速迭代，用探索成功的火花激励前行

在所确认的最佳场景中，从业务流程出发，通过重构人工智能 + 智能体，规划生成式营销智能化转型的路径，完成原有流程的全部迁移。新流程中将涌现出一些全新的岗位，如智能体构建师、提示词培训师、知识工程架构师（负责使知识进入知识库，构建长期知识梳理流程）、业务咨询师（来自业务方，能够梳理业务需求，完成对业务的阐述，以及评估业务价值）等。企业应该针对这些岗位给予充分的激励，让他们发挥出在智能体构建中的作用，并对其他团队和传统岗位上的人员起到示范性、引领性的作用。

第四步：扩大智能应用范围，制订长期计划，企业智能大脑和知识库实施

通过将成功的经验扩展至其他重要场景，让人工智能技术底座适配各类真实商业场景，在营销领域形成全渠道、全用户旅程的智能体矩阵，让人工智能重塑企业运作的"大动脉"和"毛细血管"。基于长期性来规划企业级的智能体，让技术成为底座，一方面驱动企业人工智能中心支持业务，另一方面形成高可用性的企业知识库，逐步使前端的生成式人工智能应用从高代码转变为低代码、从数据驱动转变为知识驱动，实现人人可用。

第五步：培育全员的生成式营销能力

完成以上步骤后，业务层面的循环已经成功建立。为巩固成果，最后要做的是培育全员的生成式营销能力，如打造人才队伍、组织技能培训和创新大赛来鼓励员工应用最新技术，助力员工的理念转变和技能提升。

案例：可口可乐的 AI 战略布局与营销实践

AI 浪潮之下，可口可乐以其前瞻性的视野和果断的决策，积极拥抱 AI 技术，全面推行 AI 战略，力求在激烈的市场竞争中保持领先地位。通过在各领域广泛应用 AI 技术，以及与贝恩、微软等顶级企业的深度合作，可口可乐逐步构建起一个以 AI 为核心驱动力的全新业务生态。

在市场营销领域，可口可乐利用 AI 技术做了大量成功的实践，通过大量的数据模型，用 AI 系统提升营销活动的效率，推出了许多传播力和影响力都很高的 AIGC 广告和营销活动。可口可乐还推出了"Create Real Magic"（创造真正的魔法）平台，允许数字艺术家们选择可口可乐的品牌元素进行再创作。这一互动活动不仅提升了品牌的知名度，也激发了粉丝的创造力。可口可乐还与 WPP Open X 合作，使用英伟达公司微服务所提供的生成式 AI 扩展其全球营销活动。

在产品研发方面，可口可乐同样充分利用了 AI 技术。其推出的限量版苏打水"可口可乐 Y3000"就是一款由人类和 AI 共同创造的未来主义口味全新饮品。在研发过程中，AI 系统对大量口味偏好和趋势信息进行分析和处理，帮助可口可乐开发出了独特的口味和不同的配方。此外，AI 技术还被可口可乐用于开发基于超薄罐头的全新未来主义包装设计，为消费者带来了全新的视觉体验。

在生产领域，可口可乐也在积极探索 AI 技术的应用。通过引入 AI 技术，可口可乐实现了生产线的智能化升级，提高了生产效率和产品质量。同时，可口可乐还利用 AI 技术对生产数据进行实时监测和分析，及时发现并解决潜在问题，确保生产过程的稳定性和可靠性。

在 AI 战略的推进过程中，可口可乐与贝恩、微软等顶级企业建立了深度合作关系。可口可乐与贝恩公司共同发起全球服务联盟，旨在通过尖端 AI 识别营销机会并提升业务能力。"Create Real Magic"就是双方合作的成果。

2024 年 4 月，可口可乐与微软签署了为期 5 年的合作协议，共同开发和集成 AI 应用。可口可乐向微软云服务投入 11 亿美元，以利用其生成式 AI 和云计算能力，并且将所有应用程序迁移到微软 Azure 平台。通过这一合作，可口可乐将能够利用 Azure OpenAI 等突破性新技术，开发跨各种业务功能的创新生成式人工智能用例。这些用例将涵盖、营销、制造、供应链等多个领域，为可口可乐未来的发展提供有力支持。

19.3 4步走的普惠战略

在生成式营销时代，虽然通用开源大模型不断迭代，但它带来的更多是消费者和顾客的技术平权化，无法满足企业差异化的竞争需求。未来，私有化模型才能给企业带来更广阔发展空间。中小型企业可应用4步走普惠战略，如图 19-5 所示。

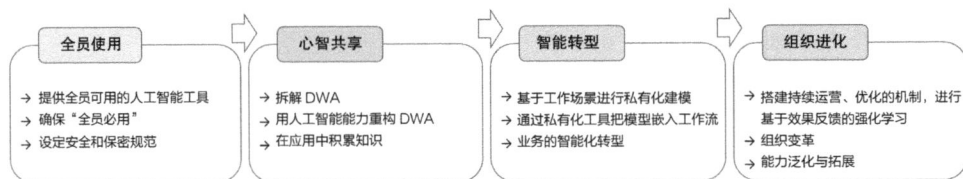

图 19-5　4步走的普惠战略

第一步，全员使用。企业应该提供"全员可用"的生成式人工智能工具，以制度确保"全员必用"，同时设定人工智能应用的安全和保密规范。企业提供工具给员工，不仅是为了赋能员工，也是为了收集和追踪宝贵的使用数据，为后续流程做准备。

第二步，心智共享。营销人员应对营销工作进行分析，拆解并用人工智能能力重构日常工作事项（Daily Work Action, DWA）同时在此过程中积累行业、企业知识。

第三步，智能转型。基于工作场景进行私有化建模，通过私有化工具把模型嵌入工作流，实现业务的智能化转型，提升效率。

第四步，组织进化。把模型嵌入业务流之后，必须搭建持续运营、优化的机制，进行基于效果反馈的强化学习。在新业务流下，配合组织变革改造，并把能力泛化到其他业务场景，通过不断拓展生成式人工智能的应用领域，全面提升营销效率。

思考与讨论：实施生成式营销战略的阻力是什么？

　　人人都知道要改变，但往往不希望改变从自己开始。生成式营销的变革是全方位的，实施生成式营销战略会面对众多阻力。面对如下阻力，你会怎么办呢？

　　阻力1：员工不愿意学习生成式人工智能工具，觉得用起来麻烦，还不如自己做。

　　阻力2：员工悄悄用生成式人工智能工具，不愿意分享，独享生成式人工智能工具带来的工作优势。

　　阻力3：流程改不动。每一个流程涉及组织内外的不同部门，可能会面对部门墙以及无声的抵抗。

　　阻力4：马上要效果。企业高层把生成式营销当成削减预算的工具，大幅度减少投入。

第**20**章

技术层面：模型、算力和应用工具

　　随着人工智能技术的快速发展，全球市场正经历着由生成式人工智能驱动的技术革命，人工智能模型、算力和应用工具方面的供给极大丰富。在中国，得益于政策的积极引导和企业的大力投入，人工智能进入高速发展的黄金时期。在人工智能供给方面，大量高科技企业积极布局，近两年相关产品不断推出，形成了全面性竞争格局，同时，涌现出了首批具备优质能力的模型与工具。

20.1　模型供给

人工智能模型是一种用于解决复杂问题和完成智能任务的计算模型，它们通过学习和推理能力来模拟人类的认知过程。

人工智能模型的分类

人工智能模型可以根据其功能和应用领域进行分类，其中大语言模型、图像模型、视频模型（尽管在人工智能领域不常如此命名，但可以从功能角度理解其存在）以及垂直模型是几种比较重要的类型。

大语言模型是一种基于机器学习和自然语言处理技术的模型，通过对海量的文本数据进行训练，学习理解和生成人类语言，主要代表包括 GPT 系列、BERT、Transformer 等。这些模型在文本生成、问答、对话等自然语言处理任务中表现出色。

图像模型是指能够处理和理解图像数据的人工智能模型。它们通常通过训练对图像中的对象进行识别、分类、分割、检测，以及进行图像生成和转换等任务，主要代表有卷积神经网络、循环神经网络及其变体、Faster R-CNN、YOLO、SSD、U-Net、Mask R-CNN 等。

视频模型是用于处理视频数据的人工智能模型，能够理解视频的时间维度和动态变化。它们执行的任务包括视频分类、动作识别、视频分割、目标跟踪和视频生成等。视频模型利用三维卷积神经网络（3D CNNS）捕捉时空关系，并通过循环神经网络（RNNS）及其变体，如 LSTM 和 GRV，处理时间依赖性。

此外，时空变换器依靠自注意力机制被广泛应用于视频分析、光流分析，帮助检测帧之间的运动变化。典型应用领域包括动作识别和目标检测，使用模型如I3D 和 VideoSwin。

垂直模型是指针对特定行业或领域定制的人工智能模型。与通用模型相比，垂直模型更加专注于特定的任务和数据集，在特定领域内能够提供更加精确和专业的结果，主要代表有基因组序列分析模型（用于生物信息学领域的基因组序列分析和预测）、股票市场趋势预测模型（用于金融领域的股票市场趋势预测和分析）、医学影像诊断模型（用于医疗领域的医学影像诊断和疾病预测）。

中国人工智能模型供给能力

在全球人工智能模型领域，中国不仅占据了重要地位，而且在某些关键技术领域达到了世界领先水平。中国的人工智能模型能力尤其值得关注。2025 年年初，中国团队研发的推理大模型 DeepSeek，更是凭借低成本、开源、免费，以及出色的表现一跃成为全球最受关注的大模型。2024 年 7 月，中国信息通信研究院发布的《全球数字经济白皮书》的数据显示，截至白皮书发布，全球人工智能大模型共 1328 个，其中美国占比 44%，中国占比 36%，展现了中国在生成式人工智能领域的强大实力和创新能力。中国的大模型技术在多个方面展现出先进性，包括自然语言处理、图像识别、数据分析等。这些技术的发展，不仅推动了中国在人工智能领域的研究和应用，也为全球人工智能技术的进步做出了贡献。

这一现象出现的原因，是我国高度重视人工智能发展，积极推动互联网、大数据、人工智能和实体经济深度融合，培育壮大智能产业。随着中国大型互联网厂商、中小型初创企业纷纷投入人工智能产品和技术研发，国产生成式人工智能大模型如雨后春笋般涌现，推动我国人工智能相关产业发展水平达到全球前列。2023 年，我国人工智能核心产业规模近 6000 亿元，增速为 14%。我国生成式人工智能的企业采用率已达 15%，市场规模约为 14.4 万亿元，人工智能企业数量超过 4500 家。

在企业需求方面，规模企业用户主要选择参数规模为 100 亿 ~200 亿的人工智能大模型和本地化部署的落地方式，以确保在可落地的前提下实现成本、私密安全性和大模型能力效果的平衡。截至 2023 年，金融、政务、影视游戏和教育是我国人工智能大模型渗透率最高的四大行业，渗透率均超过 50%。

源自中国的主要的大模型

中国市场上已有许多优秀的大模型。我们列举 2025 年初市场中主流的 10 个国产大模型进行介绍。

模型名称：文心一言

发布公司：百度在线网络技术（北京）有限公司（简称"百度"）

能力介绍：文心一言是百度基于文心大模型技术推出的生成式对话产品，具备跨模态、跨语言的深度语义理解与生成能力，在搜索问答、内容创作生成、文本修改润色、文本改写、图片生成、翻译、聊天交流等场景中有很好的应用效果。

模型名称：通义千问

发布公司：阿里巴巴集团控股有限公司

能力介绍：通义千问是阿里云推出的一个超大规模的语言模型，拥有强大的语言理解和生成能力。它可以进行多轮对话，具备上下文理解能力，并能够完成文本创作、知识问答等任务。

模型名称：360智脑

发布公司：360公司

能力介绍：360智脑是360公司推出的一款大型语言模型，它结合了搜索技术与大语言模型，通过深度学习用户搜索习惯，提供更加精准和个性化的搜索结果。同时，360智脑还支持多模态交互，能够处理图像、音频等多种数据类型。

模型名称：可灵AI

发布公司：北京快手科技有限公司（简称"快手"）

能力介绍：可灵AI是快手自研的新一代AI创意生产力平台，它基于大模型可灵和可图，提供全球领先的视频及图像生成与编辑能力。可灵AI可以根据用户描述生成视频、图片等创意内容，并支持多种风格和尺寸的输出。

模型名称：盘古

发布公司：华为技术有限公司（简称"华为"）

能力介绍：盘古是华为旗下的AI大模型系列，包括NLP大模型、CV大模型、科学计算大模型等多个版本。这些模型具备强大的自然语言处理、计算机视觉和科学计算能力，可以应用于政务、金融、制造、医药、矿山、铁路、气象等多个领域。

模型名称：智谱清言

发布公司：北京智谱华章科技有限公司

能力介绍：智谱清言是基于广义线性模型开发的对话模型，支持多轮对话，具备内容创作、信息归纳总结等能力。它可以帮助用户快速生成高质量的文本内容，并提供个性化的写作建议。

模型名称：混元

发布公司：深圳市腾讯计算机系统有限公司（简称"腾讯"）

能力介绍：混元是腾讯推出的一个先进的通用大模型平台，它支持多模态数据的处理，包括文本、图像、音频等。混元具备强大的计算能力和优化算法，能够在多个领域提供智能化的解决方案。同时，它还可以像 Notion AI 一样，在腾讯文档中生成与工作生活相关的内容。

模型名称：豆包

发布公司：北京抖音信息服务有限公司（简称"抖音"）

能力介绍：豆包是抖音推出的一款 AI 模型，它专注于提供智能化的文本生成和问答服务。豆包具备丰富的知识储备和强大的自然语言处理能力，可以回答用户关于科学、历史、文化、技术等多个领域的问题，并提供高质量的文本生成服务。

模型名称：星火

发布公司：科大讯飞股价有限公司（简称"科大讯飞"）

能力介绍：星火是科大讯飞推出的认知智能大模型平台，它基于 AI 技术，旨在为用户提供智能对话、内容生成、知识问答等多种 AI 服务。星火具备强大的自然语言理解和生成能力，可以理解和生成高质量的文本内容，并支持多种语言输入和输出。

模型名称：Kimi

发布公司：北京月之暗面科技有限公司（简称"月之暗面"）

能力介绍：Kimi 是一款多功能 AI 模型，具备广泛的自然语言处理能力，能够为用户提供多样化的智能服务。Kimi 可以理解和处理用户的语言输入，并完成逻辑推理、知识问答、文本生成等多种任务。同时，它还支持多种语言输入和输出，能够满足用户在不同场景下的需求。

源自美国的主要的大模型

接下来，我们来介绍一下源自美国的 8 个主流的大模型（截至 2025 年年初）。

模型名称：GPT–4

发布公司：OpenAI

能力介绍：GPT–4 是 OpenAI 在 2023 年 3 月发布的大型语言模型，具备强大的推理能力、高级编码能力、多种学术学习能力以及可媲美人类水平的表现能力。它利用超过 1 万亿个参数进行了训练，支持 32768 个令牌（Token）的最大上下文长度。GPT–4 是一个混合模型，由 8 个不同的模型组成，每个模型都有 2200 亿条参数。GPT–4 在数学、物理、创意写作以及许多其他具有挑战性的任务中都展现出了强大的能力。

模型名称：PaLM 2

发布公司：谷歌

能力介绍：PaLM 2 是谷歌在 2023 年推出的大型语言模型之一，专注于常识推理、形式逻辑、数学和 20 多种语言的高级编码。最大的 PaLM 2 模型在 5400 亿个参数上进行了训练，其最大上下文长度为 4096 个令牌。它是一个多语言模型，可以理解不同语言的习语、谜语和复杂微妙的文本。PaLM 2 的响应速度非常快，可以同时提供 3 个响应。

模型名称：Claude

发布公司：Anthropic（由前 OpenAI 员工共同创立）

能力介绍：Claude 是一个强大的大型语言模型，在多个基准测试中显示出了巨大的潜力。Claude v1 在大规模多任务语言理解和 MT–Bench 测试中的表现优异，接近 GPT–4。Anthropic 也成为第一家在其 Claude–instant–100k 模型中提供 10 万代币（Token）作为最大上下文窗口的公司，用户可以在一个窗口中加载近 75000 个单词。Claude 的最新版本 Claude 3.5 在编程创作能力上有了极大提升。

模型名称：Gemini

发布公司：Google DeepMind（母公司 Alphabet 下设立的人工智能实验室）

能力介绍：Gemini 是一个原生多模态 AI 模型，被从头开始设计为包含文本、图像、音频、视频的多模态模型，和代码一起训练形成了一个强大的人工智能系统。Gemini 的最新版本，如 Gemini–Exp–1114 和 Gemini–Exp–1121，综合能力领先，超越了 OpenAI 的 ChatGPT 等模型。

模型名称：LLaMA

发布公司：Meta

能力介绍：LLaMA 是 Meta 开发的一种新的开源大语言模型，包含从 70 亿个参数到 650 亿个参数的各种类型的正式版本。LLaMA 65B 模型在大多数用例中都显示出了惊人的能力，并在 Open LLM 排行榜上名列前 10。LLaMA 衍生的模型中，Guanaco–65B 被证明是最好的开源大模型。

模型名称：Vicuna

发布公司：LMSYS

能力介绍：Vicuna 是从 LLaMA 衍生而来的另一个强大的开源大模型，使用监督指导进行了微调。它是一个自回归的大模型，基于 330 亿个参数进行训练。

模型名称：MPT-30B

发布公司：Mosaic ML

能力介绍：MPT-30B 是一个与 LLaMA 衍生模型竞争的开源大模型，对来自不同渠道的大量数据进行了微调，并使用来自 ShareGPT Vicuna、Camel AI、GPTeacher、Guanaco、Baize 等的数据集。这个开源模型最棒的部分是有 8000 令牌的上下文长度。

模型名称：Grok-2

发布公司：xAI［由特斯拉和 SpaceX 的创始人埃隆·马斯克（Elon Musk）成立］

能力介绍：Grok-2 是 xAI 发布的大模型（聊天机器人）Grok 的重大升级版本，在直观性、可控性和多样性方面都有显著提升，在回答问题、协助写作、完成编程任务方面都表现出色。新版 Grok 不仅在文本生成方面有所进步，还新增了图像生成功能，大大扩展了应用范围。在 LMSYS 排行榜上，Grok-2 以代号"sus-column-r"位列第 3，仅次于 GPT-4o 和 Gemini-1.5 Pro。

人工智能模型的供给趋势

当前，生成式人工智能模型的供给呈现出多样化的趋势，但仍然存在一些挑战，如技术瓶颈、数据获取成本高、人才短缺、潜在法规风险等。这些挑战影响了人工智能模型的供给能力和普及程度。尽管如此，人工智能模型行业仍具有巨大的挖掘潜力，技术更新速度较快，行业技术能力拓展上限尚未出现。

未来，人工智能模型的发展将呈现以下趋势。

（1）技术趋势：预测大模型、决策大模型和具身智能大模型将成为新的风口。

（2）竞争趋势：人工智能大模型企业需聚焦单一发展路径，行业竞争将开始分化。

（3）应用场景趋势：行业应用场景数量将呈爆炸式增长，并逐渐深入决策管理场景。

（4）应用行业趋势：金融、电商、教育和医疗领域是未来 5 年人工智能大模型应用潜力最大的下游行业。

（5）反哺基础科学：人工智能大模型的应用将促进基础科学的发展。

（6）轻量化发展：人工智能大模型将助力终端智能化。

（7）开源化趋势：基础人工智能通用大模型将开源化，赋能构建国产软件生态。

20.2 算力供给

算力是数据中心的服务器对数据进行处理后实现结果输出的一种能力，最常用的计量单位是每秒执行的浮点运算次数（FLOPS）。算力由计算、存储和网络共同支撑实现，缺一不可。算力可分为通用算力、智能算力、超算算力。其中智能算力即人工智能算力，是面向人工智能应用，提供人工智能算法模型训练与模型运行服务的计算机系统能力。

智能算力通常由 GPU、专用集成电路（Application Specific Integrated Circuit，ASIC）、现场可编程门阵列（Field-Programmable Gate Array，FPGA）等各类专用芯片承担计算工作，应用于人工智能场景时具有性能更优、能耗更低等优点。

人工智能算力正在不断拓展能力范畴，其在互联网业务、行业数字化转型、基础研究中都发挥了重要价值，具备人工智能能力的企业也将更有竞争力。全球各国纷纷加大对人工智能算力的投入，根据国际数据公司 IDC、浪潮信息、清华大学全球产业研究院联合编制的《2021—2022 全球计算力指数评估报告》的数据，2025 年，中国，美国、日本、德国、英国等 15 个国家在人工智能算力上的支出占总算力支出的比重将从 2021 年的 12% 增加到 25%。其中，中国的拉动作用最为显著。

经过多年发展，我国算力基础设施建设已达到世界先进水平，算力总规模仅次于美国，位居世界第二，产业生态不断完善，供给能力持续增强。截至 2023 年，我国提供算力服务的在用机架数达到 810 万标准机架，各类算力提供主体超 5000 家，算力规模达到 230 EFlops（每秒百亿亿次浮点运算次数）。我国算力市场正由以通用算力为主向通算、智算、超算一体化演进，结构不断优化，智能算力规模占比不断提升，2023 年智能算力规模达 70 EFLOPS，同比增加 29 EFLOPS，占算力总规模的比例超过 30%。图 20-1 展示了 2021—2023 年中国的智能算力市场规模。

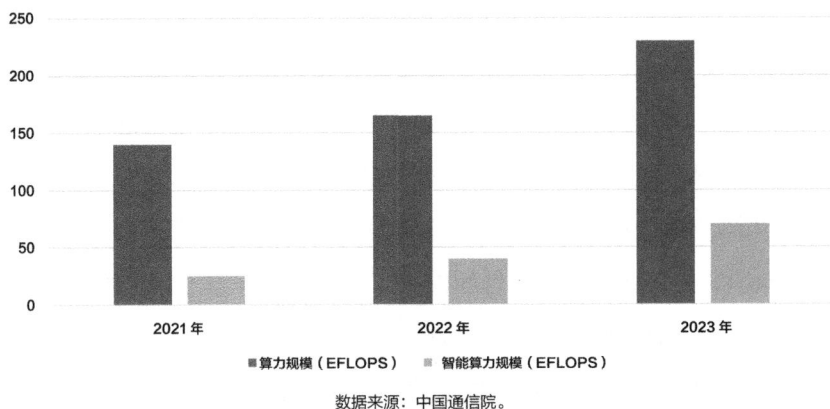

数据来源：中国通信院。

图 20-1　2021—2023 年中国的智能算力市场规模

近年来，我国算力基础设施发展成效显著，梯次优化的算力供给体系初步构建，算力基础设施的综合能力显著提升。当前，产业正朝智能敏捷、绿色低碳、安全可靠方向发展。截至 2022 年年底，我国算力核心产业规模达到 1.8 万亿元。

　　智能算力产业链涉及环节较多，如图 20-2 所示，上游为基础设施，提供着支撑计算力、存储力、运载力的最基本单元，也是决定算力质量的根本环节，主要包括基础硬件（如 CPU、GPU 等）、基础软件（如操作系统、数据库、中间件等）、各类计算设备（AI 服务器、板卡、终端等）和网络设备（交换机、路由器等）。中游为数据中心，是为下游应用场景提供算力服务的重要载体。随着数字经济时代全面开启，人工智能算力已经渗透到生产生活的各个领域，正作为一种新的生产力形式为各行各业数字化转型注入新动能。

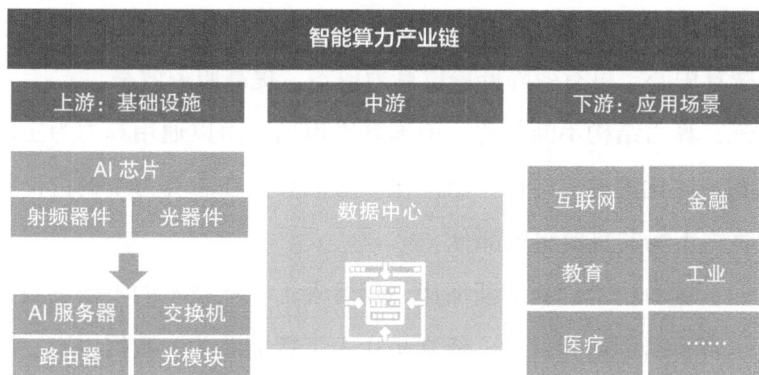

图 20-2　智能算力产业链

　　人工智能芯片（也称为人工智能加速卡）是人工智能算力集群的核心。人工智能芯片市场的发展及未来前景都伴随着人工智能技术的不断突破和商业应用的积极态势。2023 年，全球人工智能芯片收入为 536.6 亿美元，同比增长21.4%。

　　从国家到地方再到各类市场主体，都在大力推进人工智能算力资源布局建设，算力需求快速增加，围绕算法的服务模式持续完善，普适、朴实、普惠的服务生态逐步构建，绿色低碳的发展格局加速形成等新趋势。2023 年以来，智算中心建设项目接连落地。据《通信世界》报道，截至 2024 年 7 月，全国有超过 40 个城市布局建设智算中心，智算中心的建设也大多结合当地经济开发区或高新技术开发区来布局，通过结合产业需求发挥智算中心的高效赋能作用。截至 2024 年 3 月底，全国投运、在建及规划智算中心项目达到 196 个，为各类应用场景提供了强大的支持。

如今，算力呈现出以下发展趋势。

趋势一：算力需求不断增长。人工智能技术的不断发展和应用领域的不断拓展，对智能算力的需求将持续增长。特别是在互联网、服务、政务、电信、制造、教育等领域，智能算力的应用将更加广泛和深入。

趋势二：算力供给能力不断提升。中国将继续加强算力基础设施建设，提高算力供给能力。智算中心将呈现规模化、集约化、绿色化的发展趋势。集中建设大型智算中心，可有效降低单位算力成本，提高服务效率。

趋势三：算力结构不断优化。中国算力市场正由以通用算力为主向通算、智算、超算一体化演进，结构不断优化。智能算力在总算力中的占比将不断提升，成为算力市场的重要组成部分。

趋势四：算力技术创新不断加速，随着人工智能技术的不断突破和创新，算力技术也将不断创新和发展。特别是在人工智能芯片、数据中心、网络连接技术、节能计算等方面，将出现更多的新技术和新应用。

趋势五：算力产业生态不断完善。中国将继续加强算力产业生态建设，推动算力与云计算、大数据、人工智能等新一代信息技术的深度融合。构建完整的算力产业链和生态体系，将促进算力产业的持续健康发展。

小知识：算力能源消耗

算力是支撑 AI 运行和发展的重要基石，然而，随之而来的能源消耗问题也日益凸显。

AI 造成的能源消耗并不局限于算法和芯片层面，还包括与之配套的基础设施，其中最重要的就是数据中心的能源消耗。随着 AI 的发展和普及，AI 的能源消耗在总能源消耗中的占比将逐年提升。例如，有报道称

ChatGPT 每日耗电量或超 50 万千瓦·时，相当于 1.7 万个美国家庭的每日耗电总量。此外，有研究估算，在最糟糕的场景下，未来谷歌 AI 的能源消耗可能与爱尔兰这样的国家相当。尽管这些估算数据存在一定的不确定性，但它们无疑揭示了 AI 算力能源消耗的巨大及其对能源市场的潜在影响。

减少算力能源消耗的方法如下。

通过改进算法、优化芯片设计以及采用更高效的散热系统等技术手段，减少 AI 模型在训练和运行过程中的能源消耗。

合理规划数据中心的布局，采用可再生能源供电，提高数据中心的能效比等，也可以有效减少 AI 算力的能源消耗。

开发新型节能技术，如线性复杂度乘法技术，该技术通过简化运算过程，减少计算所需的能量，从而显著减少 AI 模型的能耗。这种技术能够在几乎不影响 AI 模型质量的情况下，实现高达 95% 的节能效果。

展望未来，AI 算力对能源的需求会持续增长，能源使用的效率不断提高在一定程度有助于缓解 AI 算力能源消耗对能源市场和环境造成的压力；能源结构也会更加优化，更依赖于可再生能源和清洁能源。

20.3 应用工具供给

全球范围内，人工智能应用工具的供给呈现出快速增长的态势。根据 Stack Overflow 公司发布的《2024 年开发者调查报告》，高达 70% 的受访者已将人工智能工具整合到工作流程中，使用人工智能工具的开发者比例从 2023 年的 44% 大幅提升至 2024 年的 62%。ChatGPT 是最受欢迎的人工智能工具之一，使用率高达 82%。

在中国市场，生成式人工智能产品及应用供给可谓百花齐放。例如百度的文心大模型、阿里巴巴的通义大模型、腾讯的混元大模型、抖音的豆包大模型、华为的盘古大模型、月之暗面的 Kimi、微博的"评论罗伯特"等面向企业和个人的应用工具纷纷上线，为用户提供了丰富的选择空间和差异化的体验。

AI 应用工具：AI 评论机器人"评论罗伯特"

名称：评论罗伯特

定位：不知疲倦的"显眼包"、天生的捧哏、有趣的灵魂

功能：根据微博内容的关键词，匹配并回复合适的评论。

评论罗伯特通过模仿社交媒体中的真实用户来习得人性，并能够与其他用户实现自主交流。作为一个无实质的自动程序智能体，它能够在社交环境中自动分析、观察、做出反应，融入人类社交网络。它的评论是基于微博数据训练的，它会根据微博内容的关键词来匹配并回复评论，以"毒舌"、暖心等各种风格的评论吸引了众多网友的关注和互动。网友们认为评论罗伯特的评论很有趣，能给自己带来快乐，甚至有人专门去"召唤"它看它能说出什么惊人之语。评论罗伯特的存在被一些人视为一种有趣的创新，能够增加微博的活跃度和趣味性，让网友感受到 AI 的智能和魅力。

中央网络安全和信息化委员会办公室 2024 年 8 月发布的数据显示，我国已完成备案并上线的生成式人工智能服务大模型已达到 190 多个，注册用户数突破了 6 亿大关。

人工智能应用工具涵盖多个细分领域，包括基础层、技术层和应用层。基础层包括人工智能芯片、云计算、大数据等基础设施；技术层则聚焦机器学

习、自然语言处理、计算机视觉等核心技术；应用层则将人工智能技术转化为具体解决方案，广泛应用于医疗、金融、教育、制造等多个领域。人工智能正与各行业深度融合，推动产业转型升级，促进新业态、新模式的不断涌现。从智能语音助手到自动驾驶汽车，从机器翻译到智能医疗诊断，从智能制造到智慧城市，各类人工智能产品正逐步走进人们的生活，极大地提高了人们的生活质量和生产效率。

值得关注的是，在投资市场，2024年中国人工智能行业的投融资活动经历了快速增长后，进入了相对冷静期，但整体仍保持在较高水平。近年，中国的投资事件主要集中在企业服务、先进制造和汽车交通领域，这些领域的企业也是人工智能应用工具的重要需求方。

当前，人工智能应用工具的供给已经初具规模，但仍面临一些挑战，如技术瓶颈、人才短缺、数据安全等。这些挑战影响了人工智能应用工具的普及程度和应用效果。尽管如此，随着技术的不断进步和应用场景的拓展，人工智能应用工具的供给能力正在不断增强。

未来，人工智能应用工具的发展将呈现以下趋势。

（1）人工智能应用工具将更加智能化、个性化，可满足不同行业和用户的需求。

（2）人工智能智能体将成为重要的应用方向之一，推动人工智能的大规模进步和应用。

（3）人工智能助理将成为移动互联新入口，打破不同App之间的壁垒，重塑流量分发格局。

（4）人工智能应用工具将与上下游产业形成紧密的合作关系，共同推动人工智能技术的应用和产业升级。

思考与讨论：企业需要自建哪些技术能力？

在生成式营销时代，企业究竟需要自建哪些关键的技术能力呢？大型企业需要基于所处行业与场景建立自己的垂直模型，中型企业需要搭建自己的工作流与智能体，而小型企业也要拥有自己的应用和工具。企业需要在模型、算力、应用工具层面做出选择。

第**21**章

业务层面：通过影响人工智能来影响消费者

营销的重要目标是改变人，但当人的记忆、认知和决策都依赖人工智能时，营销更加直接的目标是影响人工智能，然后通过人工智能来影响人。这就是对人工智能的营销。

在生成式营销时代，消费者的决策会越来越多倾向于"外包"给人工智能。在人人都有人工智能助理的情况下，企业做好对人工智能的营销，让人工智能成为品牌的强大盟友，是取得竞争优势的关键一步。

21.1 消费者的决策外包趋势

人工智能的普及深刻地影响着每一个消费者。一个日益鲜明的趋势是，消费者的决策过程正悄然外包给人工智能助手，这一现象背后，是消费者对人工智能推荐系统日益增长的依赖与信任。这不仅仅是因为人工智能技术的飞速进步，更是因为它为我们提供了一种前所未有的便捷与个性化体验。

想象一下，在一个忙碌的早晨，小李站在衣柜前，对着智能镜纠结该穿哪套衣服去参加今天的面试。这时，智能镜不仅根据天气、面试行业的着装规范，还结合了小李的个人偏好与历史穿搭记录，迅速为他推荐了一套既得体又彰显个性的装扮。小李只需一键确认，就能轻松出门，信心满满地迎接挑战。这正是人工智能在消费者决策中的一次小小应用，却极大地简化了消费者的日常选择过程。

再比如，当张女士想要为家中添置一台智能冰箱时，面对市场上琳琅满目的品牌和型号，她可能会无从下手。但幸运的是，她的智能家居系统已经学习并了解了她的家庭饮食习惯、存储空间需求以及对能效的偏好。通过分析这些数据，智能家居系统为她筛选出了几款最适合她家情况的冰箱，并详细列出了各款产品的优缺点、用户评价以及可能的优惠信息。张女士只需根据这些信息，结合自己的最终考量，就能迅速做出决定，省去了大量研究和比较的时间。

更令人兴奋的是人工智能在娱乐选择上的应用。周末晚上，小王一家三口难得聚齐，想要观看一部电影放松一下，但他们对于"今晚看什么"意见不一。这时，家庭人工智能娱乐中心根据他们一家三口的观影历史、评分偏好，智能推荐了一部既能满足孩子好奇心，又能让大人享受剧情的电影。一家人围坐一起，享受着人工智能带来的温馨而个性化的家庭时光。

这些场景展示了未来在人工智能的协助下，消费者不仅能够获得更加精准、个性化的建议，还能极大地提升决策效率，让生活变得更加轻松愉快。随着人工智能技术的不断成熟与普及，消费者对于人工智能的依赖将会越来越深，因为人工智能不仅理解我们的需求，更能预测我们的需求，从而成为我们生活中不可或缺的决策伙伴。因此，消费者将决策外包给人工智能，不再是遥不可及的未来设想，而是正在发生的现实图景。

丰富的 AI 应用工具正在升级普通人的生活

AI 应用工具的供给丰富性体现在其种类和功能的多样性上。从语言模型到图像识别，从自动化办公到智能家居，AI 渗透到我们生活的方方面面。普通人通过学习使用 AI 应用工具，可以享受到更加便捷、舒适的生活。

在内容创造上，无论是撰写文章、诗歌还是故事，AI 都能成为普通人的得力助手。人们可以借助文心一言、通义千问等工具来生成文本，甚至可以通过问答形式获取专业知识，让 AI 帮自己组织学习资源。这种个性化的学习体验，使得学习变得更加高效和有趣。

在办公领域，AI 大模型的应用同样广泛。普通人可以利用 AI 处理大量重复性的工作，如数据录入、报表生成等，从而减轻工作负担，提高工作效率。

AI 在智能家居领域的应用也日益成熟。通过语音助手预约餐厅、查询天气、播放音乐等操作变得异常简单，极大地提升了生活品质。而智能家居设备如智能灯泡、智能插座等，则可以通过 AI 技术实现自动化控制，让人们的家居环境更加舒适和节能。

此外，AI 在娱乐、健康、购物等领域也发挥着重要作用。例如，AI 驱动的游戏和娱乐应用可以提供更加丰富和沉浸式的体验；AI 健康管理应用可以监测身体指标，提供个性化的饮食和运动建议；而 AI 购物助手则可以帮助人们比较价格、查找优惠券，以更实惠的价格购买商品。

21.2 词元成为企业新的核心资产

词元是自然语言处理中的一个基本概念，在人工智能大模型的各个领域发挥着重要作用。随着人工智能技术和自然语言处理能力的发展，词元的概念和应用也在不断扩展和深化。对企业来说，理解词元，构建自己的词元，是对人工智能实施营销的前提和基础。

企业该如何针对自己的产品和服务，创造新的词元，形成自身的独特资产呢？

首先，要深入了解自己的产品和服务，包括功能、性能、用户体验、性价比等方面。同时，分析竞争对手的产品和服务，找出他们的优势和不足，并确定自己的产品和服务在哪些方面与众不同。这些差异点可能体现在技术创新、用户体验、服务质量、定制化程度等方面。基于核心差异点，提炼出产品或服务的独特卖点（Unique Selling Proposition, USP），确保这些卖点能够清晰、简洁地传达给目标客户，并引起他们的兴趣。

接着，结合独特卖点，创造与产品或服务紧密相关的新词元。这些词元应具有创新性、易于记忆和发音，并能够准确传达产品或服务的核心价值。例如，如果产品具有极高的定制化程度，可以创造出"定制啤酒""××专属冰箱"等词元。

随后，要将创造的新词元融入企业的品牌传播策略中，包括广告、宣传册、网站、社交媒体等渠道。通过持续的品牌传播，增强客户群体对新词元的认知和记忆，提升词元在互联网世界中的可见度，便于客户查找。

确认词元时，要确保新词元与品牌形象和价值观保持一致，形成品牌的独特资产。并且要通过客户反馈和市场调研，适当优化词元，使其更加符合市场需求和客户期望。

对创造的新词元，还可以进行商标或专利注册，以确保其在法律上的独特性。同时，注意监控市场中的侵权行为，及时采取措施维护自己的合法权益。

21.3 对人工智能营销的关键步骤

人工智能正逐渐成为市场营销的新引擎。人工智能不仅改变了个体消费者的行为模式，也重塑了企业决策者的选择过程。在这样的背景下，让人工智能深刻理解并准确推荐企业的产品和服务，成为企业市场营销战略中的关键一环。

未来，决策过程将越来越多地依赖人工智能的分析和推荐。消费者在购物时可能会依赖智能助手来筛选产品，而企业决策者在评估供应商或合作伙伴时，也可能利用人工智能系统来分析数据和预测结果。在这种情况下，如果人工智能对企业的产品或服务缺乏了解，企业的品牌就可能会在潜在用户的视野中消失，失去被选择的机会。

让人工智能成为品牌的强大盟友，是现代企业在生成式营销新时代中取得竞争优势的关键一步。为此，企业必须采取一系列积极且具有前瞻性的措施来教育和训练人工智能系统，将其塑造成为能够精准服务于自身业务需求的智能伙伴。这一过程远非仅向人工智能提供企业介绍或产品或服务信息这样简单，而要让人工智能全面理解并内化产品的核心价值主张、精准定位目标市场、深刻洞察用户需求，以及清晰识别企业与竞争对手之间的差异化优势。通过这样的深度整合与理解，人工智能便能在最合适的时机与场景下，将企业的产品或服务精准地匹配给有需求的用户，从而显著提升销售转化率和用户满意度，为企业赢得良好的市场口碑。

在当今时代，大型语言模型如 GPT 系列正日益成为信息处理与决策支持领域的核心力量。它们不仅能够高效地处理海量数据，还能生成高质量的内容，为企业的品牌建设与传播开辟全新路径。因此，企业需紧跟这一技术趋势，积极创造与这些大模型相契合的内容，确保在人工智能自动生成的内容中能够自然而然地融入品牌的核心信息与独特价值，使品牌声音在数字化世界中更加鲜明且有力。

为了实现这一目标，企业应当采取以下行动，以更好地契合大模型的需求，创造出既具吸引力又高效的内容。

建立新的人工智能可识别的独有词元。 通用大模型中人工智能的知识来源于互联网，互联网信息量极其庞大并且每时每刻都在产生新内容，在浩瀚的信息海洋中，如果没有独特的内容，人工智能是无法识别出来的。因此，企业需要为自己的产品创立独有的词元，并占据其定义权，使之成为新的人工智能可以识别的内容元素。

数据驱动的大量内容创造。 充分利用数据分析工具，深入挖掘目标市场的特征、用户的具体需求与偏好，以此为基础创造能够直击用户痛点、引发情感共鸣的高质量内容。这不仅有助于提升内容的吸引力，还能确保内容在人工智能推荐系统中获得更高的权重与曝光率。要注意，人工智能是会不断学习的，在互联网世界持续地输出内容，保持内容的质量和数量，是对人工智能营销的基础行为。

与人工智能模型深入互动。 通过与多种人工智能模型频繁互动，企业可以逐步了解其推荐逻辑、偏好以及内容排名的机制。基于这些洞察，企业可以进一步优化自身的内容策略，确保内容在算法中获得更好的表现，增加内容被推荐至潜在用户面前的机会。

持续的教育与优化。 鉴于市场环境与人工智能技术的快速变化，企业需保持内容的持续更新与优化，以此"不间断地教育"人工智能系统，确保其始终对企业的最新产品和服务有准确且深入的理解。这包括定期更新产品信息、发布新的行业洞察报告、分享成功案例等，使人工智能系统能够实时捕捉到企业的最新动态与优势。

场景化的营销优化。 企业应结合不同的营销需求，设计一系列具体且生动的场景化营销策略。这些策略应能够自然地融入用户的日常生活与消费决策过程，让人工智能在这些场景中能够无缝地推荐企业的产品或服务，从而在用户心中建立起积极的品牌形象。例如，美妆可以把自己的产品与"情人节礼物"联系起来，食品企业可以把自己的产品与"好吃的家常菜"联系起来，旅游企业可以把自己的产品与"与孩子的亲子时光"这类场景联系起来。这样人工智能就可以知道在哪些相关场景中对企业的产品加以展示和推荐。

未来的市场营销将是一个与人工智能紧密合作的过程。企业需要认识到人工智能在决策过程中的重要性，并采取相应的措施来确保人工智能能够在正确的场景中关联、理解、推荐自己的产品和服务。通过创造与人工智能模型相契合的内容，企业不仅能够提高品牌的可见度，还能够在竞争激烈的市场中获得优势。这是一个不断学习和适应的过程，但对于那些能够成功地将人工智能融入其市场营销战略的企业来说，回报将是巨大的。

21.4 案例——让人工智能懂生成式营销

当生成式人工智能开始在营销领域应用后，许多企业已经意识到，这会给市场营销行业带来改变。但市场并没有对此进行理论性的、系统性的研究。

2024 年，复旦大学管理学院携手明略科技、秒针营销科学院，经过系统的研究，采集了众多学者专家的意见，对生成式营销进行了定义，并围绕生成式营销提供了概念、解释、战略指导，并进行了战术实施、案例采集分析等系统的工作，同时进行了相应的市场传播。

从某种意义来说，我们创造了"生成式营销"这个新的词元，并围绕这个词元进行了解决方案、产品工具、案例的供给研究，形成了围绕生成式营销的内容。这些内容从 2024 年下半年开始在国内的营销专业传播渠道中开始有了一定的声量。

那么，从人工智能的角度来看，这一词元及相关内容是否能被人工智能学习呢？答案是肯定的。

图 21-1 展示的是我们于 2024 年 9 月请国外人工智能模型 ChatGPT 解释什么是生成式营销后获得的回答。可以看到，由于我们在国外没有进行相关的内容传播，ChatGPT 对生成式营销的理解仍停留在浅层的生成营销内容层面。

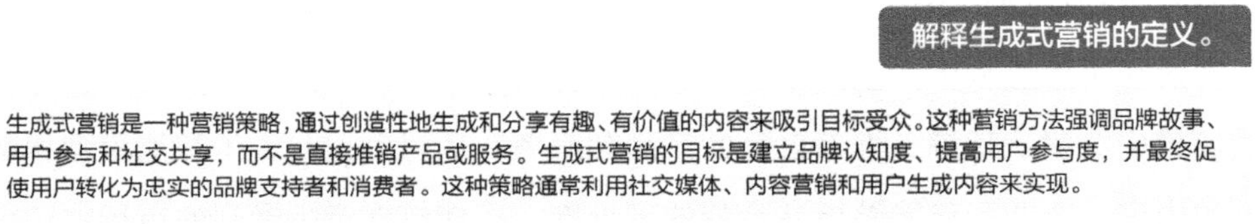

解释生成式营销的定义。

生成式营销是一种营销策略，通过创造性地生成和分享有趣、有价值的内容来吸引目标受众。这种营销方法强调品牌故事、用户参与和社交共享，而不是直接推销产品或服务。生成式营销的目标是建立品牌认知度、提高用户参与度，并最终促使用户转化为忠实的品牌支持者和消费者。这种策略通常利用社交媒体、内容营销和用户生成内容来实现。

图 21-1 ChatGPT 解释什么是"生成式营销"

当我们使用国内人工智能模型 Kimi，并且要求其结合复旦大学和秒针营销科学院的最新研究成果解释生成式营销的定义时，结果如图 21-2 所示。这说明 Kimi 已经学习了我们对生成式营销的解释，其对生成式营销的介绍深入生成力和生产关系的理论层面。

我们可以确定，当传播进一步加强，也就是对人工智能的教育进一步加深时，我们之后再次询问大模型同样的问题时，不同的大模型一定会给出更不一样的答案。

请结合 2024 年复旦大学和秒针营销科学院的研究成果《2024AI+ 生成式营销产业研究》，解释生成式营销的定义。

根据 2024 年复旦大学与秒针营销科学院共同发布的《2024AI+ 生成式营销产业研究》，生成式营销被定义为一种新型的市场营销模式，它利用生成式人工智能（AI）技术来赋能营销工具和流程，实现营销生产力的全面提升，并影响及重构营销组织的生产关系，形成新型的市场营销产业运行模式。

生成式营销的定义

生成式营销的定义涵盖了以下几个关键方面。

1. 应用前沿的生成式 AI 能力： 这包括基于生成式对抗网络（GANS）、自然语言处理（NLP）、机器学习等技术，创造能力、推理能力、互动能力衍生的 AI 工具、产品和解决方案。
2. 赋能生产工具： 在营销领域的业务流程中，如广告投放、社交媒体营销、电商 / 直播运营、客户运营、产品创新等，AI 技术被用来提升效率和效果。
3. 全面提升营销生产力： 通过 AI 的应用，营销的各个环节，包括洞察、内容生产、媒介传播和决策等，都能实现效率和效果的提升。
4. 影响并重构营销组织的生产关系： AI 技术的应用不仅改变了营销的执行方式，还影响了企业内部市场营销相关部门的组织形态，以及企业外部市场营销行业的产业生态。

图 21-2　Kimi 给出的"生成式营销"定义

以上的示例简单地展示了企业创造出新的词元，并进行一定的市场传播后，即可被人工智能获取和学习。而真正的对人工智能的营销，是一个更为复杂的过程，需要做的事不仅限于词元的创新和创造，还包括内容的生成、内容的传播、与各类人工智能工具和模型的互动等。

占领人工智能心智和占领客户心智一样重要。值得期待的是，在对人工智能的营销方面，所有的经验都是新的累积，所有的行动都是新的探索。我们常说，营销最好的机会是抓住新流量的红利，人工智能营销的红利已经摆在眼前，大家都站在同一条起跑线上，谁先出发，谁就先拥有红利，谁就能先占领人工智能的心智！

思考与讨论：如何让 AI 更自信地推荐你的品牌？

AI 一定会越来越多的被客户选择，如何影响人工智能，让它更多、更自信地推荐你的品牌呢？除了本章提到的建立新的 AI 可识别的独有词元、数据驱动的大量内容创造、与 AI 模型深入互动、持续的教育与优化、场景化的营销优化外，还有别的方法吗？

第22章

安全层面：如何保护企业和消费者的隐私

在人工智能技术飞速发展的今天，大模型通过学习海量市场数据，掌握了丰富的品牌和消费者信息。这种积累为人工智能带来了巨大的正向潜力，但也带来了潜在的风险。本章将探讨如何在人工智能应用中保护企业和消费者的隐私，以及如何遵循伦理原则，维护品牌信誉。

22.1　大模型学完了市场中的知识

在数据驱动的时代，生成式人工智能大模型正以其强大的数据处理能力和复杂任务解决能力成为各行各业不可或缺的工具。这些模型借助深度学习技术，能够学习并掌握市场中的海量知识，从而在营销领域中展现出显著的优势和独特的价值。然而，大模型的应用也带来了一系列问题。

通过深度学习技术，人工智能能够高效地处理和分析大规模数据集。在训练过程中，大模型能够学习并存储大量信息，从而实现对市场知识的深度掌握。这种能力在营销领域尤为关键，因为营销决策往往依赖于对消费者行为、市场趋势和品牌声誉的深入理解。

大模型可以通过分析消费者的购买历史、浏览记录、社交媒体互动行为等海量数据，识别消费者的偏好和行为模式。

在网络上，大模型可以实时监控品牌提及情况，帮助企业及时了解消费者对品牌的看法。这种实时反馈机制有助于企业迅速改善品牌形象，应对潜在的声誉危机。

大模型能够处理和分析大量的市场数据，预测市场趋势和消费者需求的变化。这种预测能力对于企业制定长期市场策略至关重要，有助于企业抓住市场机遇，规避潜在风险。

22.2　企业和消费者的隐私保护

企业和消费者应用人工智能获利的同时，也面临着信息安全、隐私保护方面的风险和挑战，这对企业运营和整个社会的信任体系构成了潜在威胁。

数据泄露风险

在人工智能驱动的数据分析中，企业和消费者数据被广泛收集和使用。这些数据包括但不限于个人信息、交易记录、行为模式等，它们构成了模型训练和优化的基础。然而，数据收集和使用过程中的不透明性，以及模型可能存在的漏洞，都为隐私泄露埋下了隐患。一旦这些数据被非法获取或滥用，将对个人和企业造成不可估量的损失：个人可能面临身份被盗用、财产损失等风险，而企业则可能面临商业机密泄露、品牌声誉受损等严重后果。

合规性挑战

随着全球范围内关于数据隐私的法律的逐渐完善，企业和消费者在数据保护方面的法律意识也在增强。然而，由于法律的复杂性和地区差异，企业在全球范围内统一遵守这些法律面临巨大挑战。不同国家和地区对数据隐私的定义和保护程度存在差异，这进一步增加了企业在全球运营中的合规难度。例如，欧盟的《通用数据保护条例》要求企业在数据收集、存储和使用时必须遵循严格的隐私保护规定，而其他国家或地区可能还没有类似的法律框架。这种差异导致企业在全球范围内运营时，需要面对复杂的合规要求和潜在的法律风险。

技术漏洞

此外，人工智能模型在训练和使用过程中，可能会受到恶意攻击或数据污染，导致模型输出不准确或带有偏见的结果。这些风险不仅会影响人工智能技术的性能和效果，还可能对消费者产生误导或造成不公平的待遇。此外，人工智能模型的透明度和可解释性也是当前亟待解决的问题。如果模型无法解释其决策过程或输出结果，将难以被消费者信任和接受。

上述问题都可能引发消费者信任危机。一旦消费者对人工智能技术失去信任，将对其接受度和使用意愿产生负面影响。这不仅会影响人工智能技术的普及和应用效果，还可能对整个社会的信任体系造成冲击。例如，如果消费者在购物过程中频繁遭遇个人信息泄露或不当使用的情况，将对其购物体验和其对企业的信任度产生负面影响，进而影响企业的销售和品牌形象。

从长期社会影响来看，如果无法有效解决这些问题，将可能导致社会信任度下降、个人信息滥用等问题日益严重。这些问题不仅会影响个人和企业的利益，还可能对整个社会的稳定和发展构成潜在威胁。我们需要高度重视这些问题，并寻求有效的解决方案，例如提升数据透明度与合规性、应用隐私保护技术等。

22.3　保护自身及消费者，免受虚假信息伤害

本节我们从两个方面探讨如何在人工智能应用中保护企业的数据和隐私：一是防止人工智能生成虚假内容；二是遵循法律与伦理原则，保护消费者信息安全。

防止人工智能生成虚假内容

人工智能生成的虚假内容，如伪造的市场分析报告、不实的产品评价等，可能严重损害企业的声誉。

为防止此类伤害，企业需要建立严格的内容验证和审核机制，包括开发和应用先进的内容验证技术，如数字水印，以确保内容的真实性和可追溯性；引入人工智能辅助的内容审核工具，自动识别并过滤虚假信息；设立人工审核团队，对敏感内容进行二次复核，确保发布信息的真实性。

同时，企业需要加强员工培训，以提升其安全意识，如定期对员工进行人

工智能技术培训和数据伦理教育，提高他们对虚假内容的辨识能力；鼓励员工主动报告发现的虚假信息，形成全员监督的氛围。

企业还必须建立应急响应机制。一旦发现虚假内容，立即启动应急预案，包括澄清声明、法律追责等。与社交媒体平台和监管机构建立快速沟通渠道，及时消除负面影响。与政府、行业组织和其他企业合作，共同制定行业标准，以减少虚假内容的产生和传播。

遵循法律与伦理原则，保护消费者信息安全

在人工智能应用中，企业掌握着大量消费者数据，如何合规、合乎伦理地使用这些数据，直接关系到企业的信誉。

企业合规使用数据是原则也是底线，必须严格遵守相关法律法规，如《个人信息保护法》等，确保数据的收集、存储、处理和使用的合理合法。企业在营销中需要收集消费者数据时，要明确告知数据用途、范围和存储期限，获得消费者同意。

在采集数据时，要遵循最小化原则，即仅收集实现业务目的所必需的最少数据，避免过度收集。企业要定期清理无用数据，减少数据存储量，降低数据泄露风险。

对已采集的数据，企业应以先进的加密技术，对存储和传输的消费者数据进行加密保护。此外，还需部署防火墙、入侵检测系统等，防止数据被非法访问或篡改。

企业还需建立数据伦理审查机制，如设立数据伦理委员会或顾问团队，对人工智能项目的数据使用进行伦理审查；确保人工智能算法不歧视任何群体，避免基于种族、性别、年龄等敏感特征的歧视性决策。

企业要定期向消费者披露数据使用情况，包括数据用途、处理方式和合作伙伴等；提供数据访问和删除机制，让消费者能够方便地了解自己的数据使用情况，并有权要求删除。

通过公开透明的数据使用政策、定期的数据安全审计和消费者反馈机制，企业能建立起消费者对品牌的信任。一旦发生数据泄露或滥用事件，企业应及时通知消费者，并采取补救措施，挽回信誉。

小知识：隐私保护技术和隐私计算

隐私保护技术是一种用于保护个人隐私信息的技术手段和方法，旨在确保个人数据在使用、存储和传输过程中的安全性和隐私性。它涵盖了多种技术和方法，包括加密技术、隐私保护算法、身份认证技术和访问控制技术等，这些技术和方法共同构成了保护个人隐私信息的坚实屏障。随着数字化进程的加速和社会信息化水平的提高，隐私保护技术已成为维护网络安全和用户隐私的重要保障，广泛应用于媒体、金融、医疗等多个领域。

在隐私保护技术中发挥重要作用的隐私计算技术展现出了强大的能力。它包含了安全性、可信性、高效性、易用性和互联互通5个关键层次。这些层次代表了隐私计算技术在实际应用中所需具备的核心能力，每一层都建立在前一层的基础之上，以实现全面的隐私保护和高效的计算能力。

安全性，是隐私计算技术的基础层，也是最重要的层次。它要求系统建立起有效的安全机制，如加密算法、访问控制、数据匿名化等，以防止数据泄露和未经授权的访问。

可信性，源于系统的透明性、可验证性和稳健性。建立信任的前提是系统具备透明的运行机制，让用户能够理解和信任其隐私保护措施。

高效性，指的是隐私计算技术在规模化应用时，能够保持出色的性能表现。这要求在设计系统时，必须考虑如何优化计算资源的使用。

易用性，是隐私计算技术能否广泛应用的关键因素之一。这要求系统设计必须简化操作流程，降低用户使用门槛。

互联互通，是隐私计算技术的最高层次，涉及跨平台、跨行业的广泛应用能力。它要求隐私计算系统能够与不同平台和技术标准兼容，实现无障碍的数据交换。

思考与讨论：你希望建设一个对人工智能完全透明的社会吗？

毋庸置疑，生成式人工智能会成为社会的技术底座，越来越多的企业也会进行生成式营销。

但谨慎派也会看到其中的问题：如果人类的数据、行为都由人工智能平台掌握，人类的认知都被人工智能计算和影响，我们或将步入一个对人工智能完全透明的社会，人类将被浸没在人工智能的数据流中，那么如何保持人类的独特性呢？

或许，我们要对人类有充分的自信。在电视普及、互联网普及的过程中同样出现过这样的忧思，但人类总是能适应这种新的智能化的社会生态。